将棋の格言に学ぶ81の生きるヒント

人生必勝の思考法

王将　桂馬

著者 ツルボン

推薦 田中寅彦（日本将棋連盟棋士・九段）

産業能率大学出版部刊

まえがき

藤井聡太竜王・名人の活躍とSNSの普及で将棋ファン以外でも将棋のニュースに触れる機会が増えています。アマチュアでへぼ将棋（棋力はアマ3級程度）を指し続け還暦を過ぎた著者は、自らの体験からいくら人生経験を積んでも将棋が強くなるわけではありませんが、四百年以上の歴史のある将棋は人生の多くの局面で意思決定のヒントを与えてくれます。升田幸三実力制第四代名人（1918～1991）は「人生は将棋と同じで、読みの深い者が勝つ」と語っていますし、「人生は一局の棋なり 指し直す能わず」（菊池寛、1888～1948）です。

将棋用語には「王手」「成金」「高飛車」など一般用語として使われているものもあり、日常生活にも浸透していることがおわかりでしょう。本書は将棋の格言の意味を咀嚼した上で、将棋のルールを知らない人にとってもそこから得られる人生のヒントを81項目にまとめました。各項目がそれぞれ独立しているので、ご自身の興味のあるテーマから自由に読むことができます。また時間のない方でも一日一項目を読み進めれば三か月以内で読み切ることが可能です。本書にはライフステージに応じた人生全般（仕事、私生活、キャリア設計など）、さらに経営戦略にも応用できる幅広いテーマを紹介しています。

これからビジネスに携わる人にとってはＡＩを活用できる人とできない人では決定的な差が生まれると思われます。藤井竜王・名人が若くして台頭してきた要因の一つにＡＩを上手く使いこなした序盤研究にあると言われています。いくら実績があっても年配のベテラン棋士は、若手と比較するとＡＩ研究が苦手な棋士が多く、世代間の情報格差は将棋界では開くばかりですが、このことはビジネスの世界にも共通しています。将棋界ではプロ棋士とＡＩとの直接対決は数年前に終わりを告げました。選択肢が有限の情報処理ゲームである将棋において、情報処理スピードはいくらトップ棋士でもＡＩには勝つことはもはや不可能です。現在、将棋界とＡＩ技術はWIN-WINの関係で共存しています。例えばＡＩが示す有利不利の形勢判断はわかりやすく数値化され、将棋ファンがプロの対局を楽しむ上での一つの指標となっています。その結果、将棋を自分では指さなくてもプロの対局を観ることを楽しむ「観る将」が増えています。ＡＩの発達で将棋棋士という職業はなくなってしまうのではと懸念された時期もありましたが、むしろ藤井竜王・名人の活躍で将棋の新たな魅力が再発見されています。

なお本書の出版にあたって、講評をご寄稿いただいた田中寅彦九段は将棋界のみならず、経済、不動産投資、音楽、スポーツなど幅広い分野についても造詣が深く、比喩を交えたユニークな解説やコメントで人気があります。田中寅彦九段からは、プロ棋士の立場から貴重なアドバイスを頂戴しました。また本書の作成においては、産業能率大学出版部編集部の榊淳一氏に大変お世話になりました。心より深く御礼申し上げます。

本書を通して読者の方々が将棋を楽しみながら今後の人生をよりよく生きるヒントを得られれば幸いです。

著者　ツルボン

本書の構成について

将棋は序盤、中盤、終盤と大きく分かれ戦い方も異なると言われています。日本映画史上の最高傑作と言われる「七人の侍」（黒澤明監督、1954年、のちの西部劇「荒野の七人」としてリメイクされました）も「侍集め」「戦闘の準備」「野武士との戦い」の三部構成となっています。これに倣って本書は構成上、章立てを序盤、中盤、中終盤、終盤と便宜上分けています。しかし将棋の格言は様々な局面で再現されるものなので、実際は章立てほど単純には割り切れません。あくまでも本の構成上、振り分けたことをご理解ください。

また将棋の格言の説明では、主に日本将棋連盟、将棋講座ドットコムの公式ページを参考にさせていただきました。ご理解、ご協力に深謝します。

本書タイトルの由来

本書のタイトル『将棋の格言に学ぶ81の生きるヒント―人生必勝の思考法―』の一部になっている81という数字ですが、著者が調べたところ将棋の格言は数え方にもよりますが主に約80前後あります。また将棋盤のマスは縦横9マス×9マスで合計81マスあります。このため81歳を迎えたプロ棋士は将棋盤の盤と寿を合わせた「盤寿」として弟子たちからお祝いされます。また日本人の平均寿命は厚生労働省（2021年）によると、男性81・47歳、女性87・57歳となっています。これらを考えると80歳＋αくらいまで健康に生きることができれば現代の医学ではまずまず幸せで、81という数字が思い浮かびました。さらに大谷翔平選手の活躍で有名になった曼荼羅チャート（目標管理チャート）も9マス×9マスで81マスになっていることから触発され本書は81項目にまとめました。

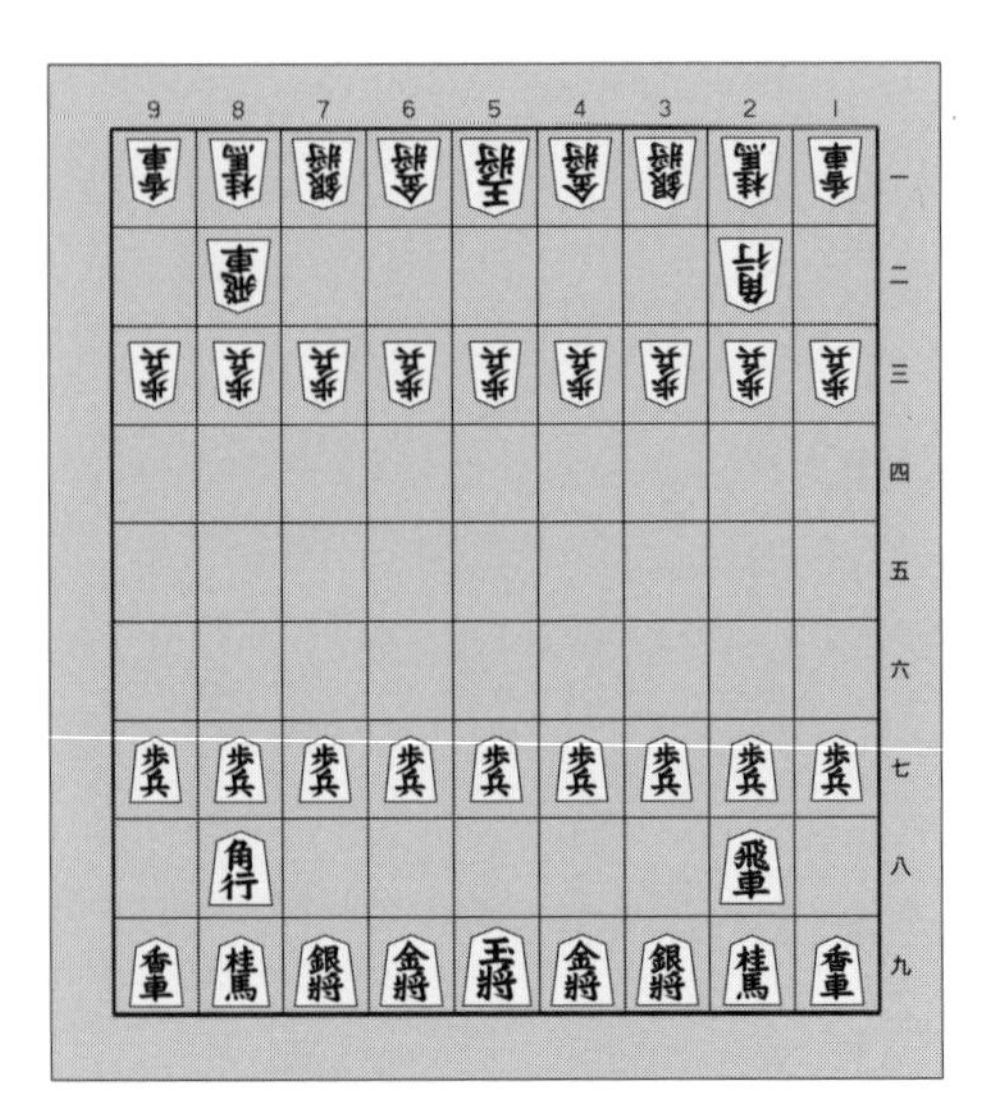

将棋の対局前の基本図

大谷翔平 2010 12.6

体のケア	サプリメントをのむ	FSQ 90kg	インステップ改善	体幹強化	軸をぶらさない	角度をつける	上からボールをたたく	リストの強化
柔軟性	体づくり	RSQ 130kg	リリースポイントの安定	コントロール	不安をなくす	力まない	キレ	下半身主導
スタミナ	可動域	食事 夜7杯 朝3杯	下肢の強化	体を開かない	メンタルコントロールをする	ボールを前でリリース	回転数アップ	可動域
はっきりとした目標、目的をもつ	一喜一憂しない	頭は冷静に心は熱く	体づくり	コントロール	キレ	軸でまわる	下肢の強化	体重増加
ピンチに強い	メンタル	雰囲気に流されない	メンタル	ドラ1 8球団	スピード 160km/h	~~体幹強化~~	スピード 160km/h	肩周りの強化
波をつくらない	勝利への執念	仲間を思いやる心	人間性	運	変化球	可動域	ライナーキャッチボール	ピッチングを増やす
感性	愛される人間	計画性	あいさつ	ゴミ拾い	部屋そうじ	カウントボールを増やす	フォーク完成	スライダーのキレ
思いやり	人間性	感謝	道具を大切に使う	運	審判さんへの態度	遅く落差のあるカーブ	変化球	左打者への決め球
礼儀	信頼される人間	継続力	プラス思考	応援される人間になる	本を読む	ストレートと同じフォームで投げる	ストライクからボールに投げるコントロール	奥行きをイメージ

大谷翔平選手が高校一年生のときに作成した曼荼羅チャート

目次

第2章 中盤戦（壮年期） 71

第3章 中終盤戦（中年期）

第4章　終盤戦（晩年期）

序章（人生全般）

本章では、将棋のどの局面にも共通する将棋の格言を紹介しています。人生の教訓としては、ここで取り上げた十項目はどれも生きていく上で留意すべき心構え（mindset）と考え方（perceptive）を示しています。羽生善治九段は「楽観はしない。ましてや悲観もしない。ひたすら平常心で」と述べています。人生全般に対しても通じるものがありますよね。また谷川浩司十七世名人は「普段（練習将棋で）は自分が一番弱いと思って指し、大会では自分が一番強いと思って指す」と述べています。事前の準備では謙虚に学ぶ姿勢を保ち、実践では自信と自己肯定感をもって臨むべきと読み換えることができます。

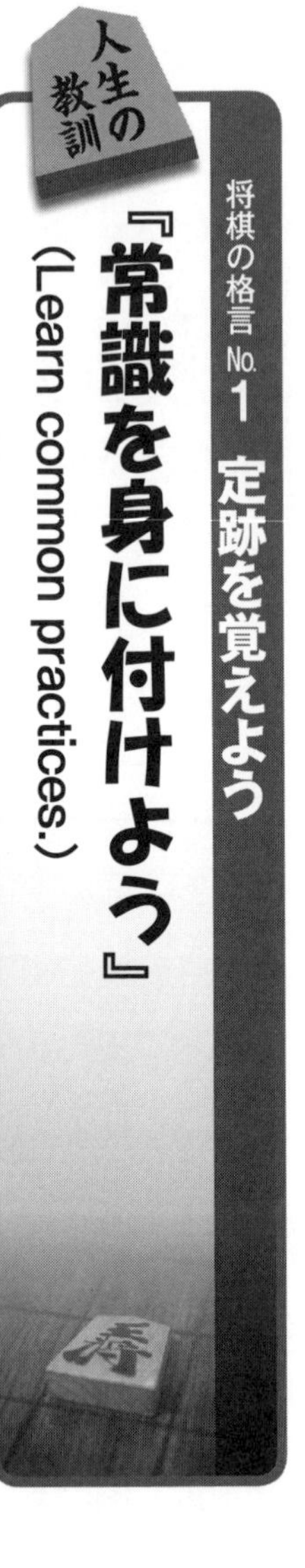

人生の教訓

将棋の格言 No.1 定跡を覚えよう

『常識を身に付けよう』
(Learn common practices.)

格言の意味

将棋の定跡は、最善とされる決まった手順での指し方のことを言います。従って定跡を知っているかいないかはその人の強さ（将棋では「棋力」と言われます）に直結します。これまで多くのプロ棋士とアマチュアのトップ棋士が盤面を研究した結果、これが最も形勢を損ねず互角にできる、もしくは局面を良くできる「駒の動かし方」が定跡です。過去から長い間に積み重ねられた集合知と言ってもよいでしょう。将棋は局面において最善手を探るゲームです。最善手とは攻防のバランスのとれた手が多く、相手が上手く対応できなければ、主導権を握ることができます。つまり、定跡は知っていればいるほど、多様な局面で主導権を握りリードできるので、その結果勝ちやすくなります。一方、定跡を知らなければ、知っている相手と対局した場合、すぐに不利になり負ける可能性が高まります。従って初心者がまず身に着けるべきことは定跡を覚えることです。強い相手に勝てない理由は、ほとんどの場合、その相手と比較して将棋の知識、すなわち定跡を知らないことに起因します。定跡どおりに指すということは、言い換えるなら、上手い人の指し方を真似るモデリングという手法です。また定跡を知っていると考慮時間を大幅に削減することができ時間効率性が高まるため可処分時間を有効に使用できます。藤井聡太竜王・名人は五歳の夏、祖母から将棋を習いました。わずか三か月後の秋には祖父が全く勝てない棋力になり、冬には五百頁にもなる定跡本を読破しその内容をマスターしたと言われています。

人生の教訓

将棋同様に人間社会にもいくつかのルール（法律）と定跡（常識）があります。大人として社会生活を営む上ではまず常識（英語では"common practice"）を身に着けることが大切です。

具体例

例えば人と会ったときは挨拶する、時間を守る、身だしなみに気をつける、電車やバスなどの公共交通機関の車内では大きな声でしゃべらない、音楽を聴く場合は音漏れしないように気を配るなどが思いつきますね。新入社員なら、上司に報告、連絡、相談（ほうれんそう）する、服装、言葉遣い、手紙、メール、電話、立ち振る舞い、接客などにおいてまず社会人の基本マナー（「定跡」と言い換えてもよいでしょう）を覚えることが大切です。

まとめ

よく成功したベンチャー企業の経営者などが「常識にとらわれるな」という発言をします。たしかに新しいビジネスのアイデアの創造においてはあてはまるかもしれませんが、一般的に常識は大体において正しいことが多いのも事実です。「常識にとらわれない」とは「非常識に行動せよ」ということではありません。

但し将棋では定跡が確立されている一方、ＡＩを使用した研究の深化によりこれまで思いつかなかった新手や俗手と思われていた手が良い手であることも判明しています。今後も新しい定跡が生まれるので、従来の定跡にも新しい変化が生まれていきます。私たちもこれまでの常識を踏まえながらも新しい知識を吸収していく柔軟な姿勢も併せて求められます。

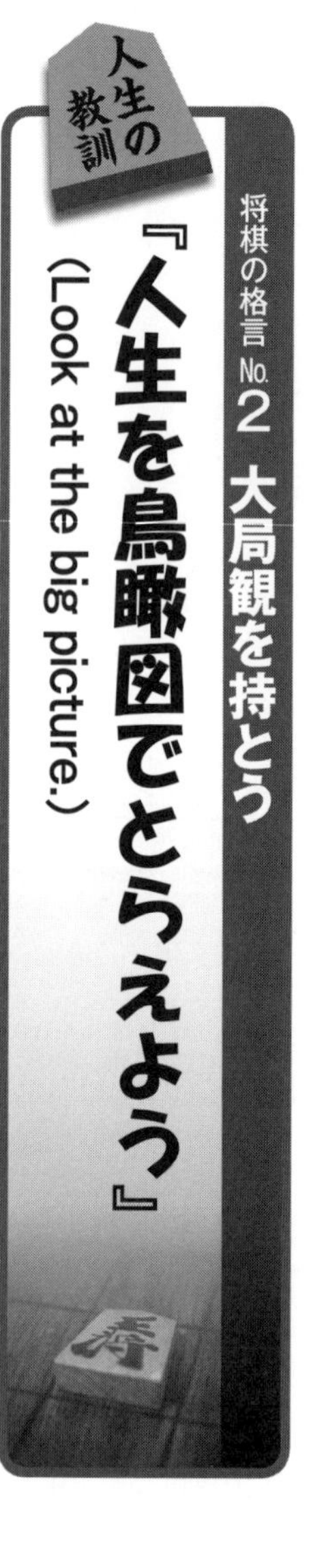

将棋の格言 No.2 大局観を持とう

『人生を鳥瞰図でとらえよう』
(Look at the big picture.)

格言の意味

将棋が強くなるには「たくさんの手を正確に読むこと」が大事なことはよく知られていますが「読み」と並ぶぐらい重要なのが「大局観」です。大局観とは目前の一手ではなく、盤面を全体的に捉え今後の長期的な戦略を構想し、それに基づいて判断する「形勢判断能力」です。言い換えると、ある局面が自分にとって有利なのか不利なのか、どれぐらい勝ちやすいのか「全体最適」を判断する能力を意味し、その後の指し手の指針となります。升田幸三実力制第四代名人も「着眼大局」と述べています。

人生の教訓

人生を鳥瞰図でとらえましょう。具体的には①長期的な目標を見据えること：将来の目標を見据えそれに向けて努力を継続することが大切です。長期的なビジョンや人生の目的を追求することで、より意味のある日常を過ごすことができます。②現状に一喜一憂することなく広い視野で考えること：広い視野で物事を考えるために他人の意見にも謙虚に耳を傾け、多角的多層的な視点を持つことで、より良い判断や解決策を見つけることができます。③柔軟な対応：予期せぬ変化や逆境に直面しても柔軟に対応し、新たな選択肢を模索することで、人生の困難に立ち向かうことができます。

具体例

運転の上手い人は、「かもしれない運転」をしていると言われています。つまり未来を予想しているということです。走行している道路状況や周辺の他の走行車の動きなどを観察し、事故を未然に防いでいます。将棋における形勢判断の主な要素は、駒の損得、駒の働き、玉の堅さ（安全度）、手番と言われています。これに擬えて人生における形勢判断する上での要素は、資産状況、資産運用、健康状態、仕事の有無、人的ネットワーク（人間関係）などです。

まとめ

「どこに行こうとしているのかわからないのに、決して遠くまで行けるものではない」（ゲーテ、ドイツの詩人、小説家、劇作家／1749～1832）、「井の中の蛙、大海を知らず」（荘子、中国戦国時代の思想家、道教の始祖の一人 ／紀元前369～前286）、「目指す港がないような航海をしていたら、どんな風が吹いても助けにならない」（モンテーニュ、フランスの哲学者、モラリスト／1533～1592）など、東西の賢人も人生を鳥瞰図でとらえることの重要性を語っています。これらの教訓を実践することで、大局観をもって人生を歩むことができるでしょう。

人生の教訓

将棋の格言 No.3 自然な指し手に悪手なし

『バランスのとれた生活をおくろう』

(Lead a balanced life.)

格言の意味

自然な指し手とは好守のバランスがとれた手で悪手にならない手という意味です。中原誠十六世名人は、「自然流」と言われ攻め六分、受け四分くらいのバランスで、攻めるべき時に攻め、受けるべき時に受ける自然な指し回しを旨としてたと言われています。盤面全体を俯瞰する大局観（P６）に優れ入玉も得意としていました。

人生の教訓

将棋に限らず人生でも奇をてらうとたいてい失敗します。自然でない手はぎこちない手が多くなります。バランスのとれた当たり前の良いことを積み重ねること、バランスのとれた行動を習慣づけることが良き行動の継続となり成果に繋がります。「自然でない行いは、自然でない混乱を生む」とシェイクスピア（英国の劇作家・詩人、1564～1616）は語っています。バランス感覚の重要性はライフワークバランス（仕事と私生活の調和）、バランスの取れた食事にも通じます。野球、サッカー、バスケットなどの球技、相撲、柔道、ボクシングなどの格闘技でも攻守のバランスのよいチーム、選手が長い期間に渡って活躍しています。

バランスのとれた幸せな人生をおくるためには主に以下三点に留意する必要があります。

- **自己ケアを優先する**：健康に気をつかい、適度な運動や栄養バランスのとれた食事を心がけましょう。また精神的な健康も大切ですので、ストレスを軽減するため、趣味を楽しむ時間も必要です。著者はピアノ弾き語りシンガーソングライターである工藤江里菜さん（愛称エリボン）の推し活を2014年2月からしています。その透明感のある歌声に癒され、よい気分転換となり、ストレスの少ない生活を楽しむことができています。
- **健全な人間関係を築く**：家族、友人との絆を深めましょう。良い人間関係を保っためには、定期的なメインテナンスが必要です。ＳＮＳツールが普及しても、大切な人とは、意識的に少なくとも年に一回は直接会う機会をつくりましょう。

● **目標を持ち、自己成長を追求する**：目標を達成するためのプロセスはそれ自体が充実感と幸福感をもたらします。

具体例

元世界ヘビー級チャンピンのマイク・タイソンはダイナマイトパンチと称されたその強烈なパンチ力ばかりが知られていますが、全盛期はガードも天才的に上手く相手のパンチを巧みに避けながら、自分のパンチを打ち込んでいました。キレキレのディフェンススキルはいくつかの動画で観ることができます。イチロー語録にも「特別なことをするために特別なことをするのではない、特別なことをするために普段どおりの当たり前のことをする」とあります。プロ野球でも九連覇した巨人（１９６５年（昭和四十年）から１９７３年（昭和四十八年）まで、九年間連続してプロ野球日本シリーズを制覇）、黄金時代の西武ライオンズ（広岡監督から采配を譲り受けた森監督は就任九年間で八度のリーグ優勝、六度の日本一を達成）でも王・長嶋や秋山・清原・デストラーデなどの攻撃力ばかりが記憶に残っていますが、守備力の高い選手が脇を固め、攻守のバランスのとれたチーム編成ができていて、意外なほど地味な勝利も積み重ねていました。

まとめ

仕事と生活のどちらかに偏ることなく、両方とも重視した働き方で好循環につなげることを目指していきましょう。そのためには自らのスケジュールや支出項目を見直し、時間とエネルギーの無駄を省きましょう。

人生の教訓

将棋の格言 No.4　おいしい駒とまずい駒

『付き合うべき人と付き合ってはいけない人を見分けよう』
(Identify if it's fake or real.)

格言の意味

青野照市九段が著書『目からウロコ！ 今どき将棋格言、創元社』の中で、「相手の駒には、駒の種類に関係なくおいしい駒とまずい駒がある」と述べています。そして「おいしい駒とは、取った自分の駒が働いているときや自玉が安全になるときはおいしい駒。働きの悪いほうへ行かされたり、陣形が味悪くなるときはまずい駒で、たとえ駒得になってもまずい駒はとらないことが肝要」と説明しています。これらのことから、おいしい駒とは①自分の駒の働きが良くなる②相手の駒の働きが悪くなる③自分の指したい手が増える④相手の指したい手が減る、反対にまずい駒とは、①自分の駒の働きが悪くなる②相手の駒の働きが良くなる③自分の指したい手が減る④相手の指したい手が増える、ということになるでしょう。「駒はそっぽで取らせろ」という格言にも通じますね。

人生の教訓

以上のことから、学ぶべき人生の教訓は、付き合うべき人と付き合ってはいけない人を見分けることが大切です。

【付き合うべき人の特徴】

- **信頼と誠実さ**：付き合うべき人は信頼できる人のみです。彼らは言動が一致しており、約束を守ります。時間にルーズで毎回遅れてくるような人は、相手の時間に対するリスペクトがなく、ルーズな生活をしている証拠です。
- **共通の価値観と目標**：健全な人間関係を築くためには、お互いに共通の価値観や目標を持っていることが大切です。共通の興味や関心事を共有することで、絆を深め、楽しい時間を共に過ごすことができます。

［付き合ってはいけない人の特徴］

- **不信と不誠実さ**：付き合ってはいけない人は、信頼できず、不誠実な態度をとる人です。彼らは言動が一致せず、約束を守らない、公私混同をする傾向があります。
- **価値観の不一致**：あなたと共通の価値観や目標が欠けている場合、お互いの間に溝が生じ、本音で語ることができず、関係が不安定になる可能性があります。

具体例

多様性を叫びながら自分とは異なった多様な意見は一切聞く耳をもたないような言行不一致な人が主要メディア、政治家、経営者に実に多くうんざりします。秘書や官僚をどなりまくる政治家、自分よりも弱い立場の部下に暴言を吐く経営者や大学教員などは信頼してはいけません。

まとめ

人生は時間が有限なので、まずい駒（付き合ってはいけない人）を相手にしている暇はありません。人間関係を選別し無駄な付き合いはやめるか、できるだけ減らしましょう。

将棋の格言 No.5 将棋は実戦で覚えよう

『仕事は実践で覚えよう』

(Learn through hands-on practice in your work.)

格言の意味

将棋の棋力をアップするためには、詰め将棋を解く、プロ棋士の棋譜を並べる、コンピュータとの対局などもちろん有効ではありますが、対面での実戦を繰り返すことが本筋です。初心者はまず八枚落ちから将棋は実践で覚えることを森信夫七段は著書『将棋新格言40～入門から初段～』で推奨しています。森信雄門下は現在、棋界でもっとも多くのプロ棋士を輩出しています。駒落ち定跡を本で覚えることも必要ですが、実戦では上手（うわて）が本に書かれているとおり指してくるとは限りません。実力を磨くためには実戦を繰り返すしかありません。

人生の教訓

仕事の能力を磨くためには仕事を通してでしか身に付きません。その理由は主に次のとおりです。

- 実践(hands-on practice)による学びは、本や他人から学んだ理論や概念を検証し、かつ補完してくれます。実務で問題に直面し、その解決策を模索することで、理論的知識を現場に適応する経験を養うことができます。
- 実践を通した失敗からも学ぶ機会が増えます。失敗を通して新たな知見を得て、次回に活かすべき反省点を見出し、成長することができます。野村沙知代さん(1932～2017、野村克也氏の妻、愛称「サッチー」)は生前、「小さな失敗を恐れる男はいつか大失敗する」と語っていたそうです。コービー・ブライアント(米国の元プロバスケット選手、1978～2020)も「失敗を恐れているなら、おそらく君は失敗するだろう」と述べています。
- 実践はその状況に即したスキルや洞察力を開発するため、即戦力としての能力を高めます。理論だけではなく実践を通した学びは現場で何が必要なのかを体感することができ、他人との協力やチームで働く上でのスキルを体得することができます。

具体例

プルペンでは調子がいくらよくても実戦のマウンドになるとストライクが入らない投手、稽古場では強くても本場所ではなかなか勝てない力士など枚挙にいとまがありません。労働力調査（総務省統計局）によると、ニート（Not in Education, Employment or Training, NEET、就学・就労していない、また職業訓練も受けていない若者）の人数（十五歳から三十九歳までの若年無就業者を対象）は、２０２１年日本全国で75万人と報告されています。仕事を実践で学ぶ機会を自ら放棄しており、実にもったいないことです。

まとめ

「何かを学ぶのに、自分自身で経験する以上に良い方法はない」（アインシュタイン）。座学ばかり続けている人は外に出て実践を積みましょう。得られることが多いことにきっと気が付くはずです。

人生の教訓

将棋の格言 No.6　ＡＩを活用しよう

『新しいテクノロジーは積極的に活用しよう』
(Let's actively leverage new technologies.)

格言の意味

将棋ではＡＩを利用した序盤研究の巧拙が勝敗に直結する時代となっています。将棋のアマ強豪であった小山玲央さんは２０２３年2月、日本将棋連盟が実施したプロ編入試験に見事に合格されました。プロ棋士の養成機関である奨励会を経験せずプロになった戦後初めてのケースです。二十歳を過ぎてから実力をつけた理由を本人も語っていますが、将棋ソフトを使用した序盤研究にあります。アマチュア時代は岩手県釜石市に住んでいたので、プロ棋士や他のアマチュアの強豪棋士との対面での実戦経験は限られていましたが、ＡＩを駆使した研究を積み重ねた結果、念願のプロ棋士になることができました。小山さんは2023年4月1日付でプロ棋士になったわけですが、その棋力は高く評価されており、高段のプロ棋士とも互角以上の戦績を残しています。プロの将棋の世界では、高齢の高段者がＡＩで勉強を重ねているプロになったばかりの新人棋士になかなか勝てない状況になりつつあります。

人生の教訓

ビジネスの世界でも若いうちからＡＩを活用できるかどうかによってキャリア形成に差がつくことが考えられます。その理由としては、新しいテクノロジーを活用することで、作業プロセスやタスクの効率を飛躍的に高めることができるからです。その結果、今まで作業に使っていた膨大な時間が短縮され、新しいスキルを修得したり、新しいビジネスのアイデアを考える時間的余裕が生まれます。従って、ビジネスで競争力を高めるためには組織も個人も最新のテクノロジーを追求する必要があります。

具体例

ChatGPTのような対話型ＡＩソフトを使いこなせるかどうかで、これからは仕事の上で雲泥の差が生まれるでしょう。著者は毎日のようにChatGPTを使用していますが、いろいろ試してみるとその強みと弱みが感覚的にわかります。一例を挙げると漠然としたフワっとした質問には適切な回答が出てこないことが多いです。一方、具体的に課題やキーワードを絞ることができれば適切な回答が得られやすくなります。つまり、生かすも殺すも利用する側の習熟度に比例するのです。英語のコンテンツと比較すると、日本語のコンテンツは２０２３年段階ではまだまだですが、その能力は数か月単位で飛躍的に進歩しています。これは当初はプロ棋士には全く歯が立たなかった将棋ＡＩソフトが瞬く間にプロ棋士を圧倒的に凌駕するようになったことを見れば想像に難くありません。

まとめ

将棋のプロ棋士がＡＩ研究を日常生活に取り入れているように一般のビジネスパースンもＡＩを敵視したり無視するのではなく、共存しながら活用する時代になっていることを自覚しましょう。

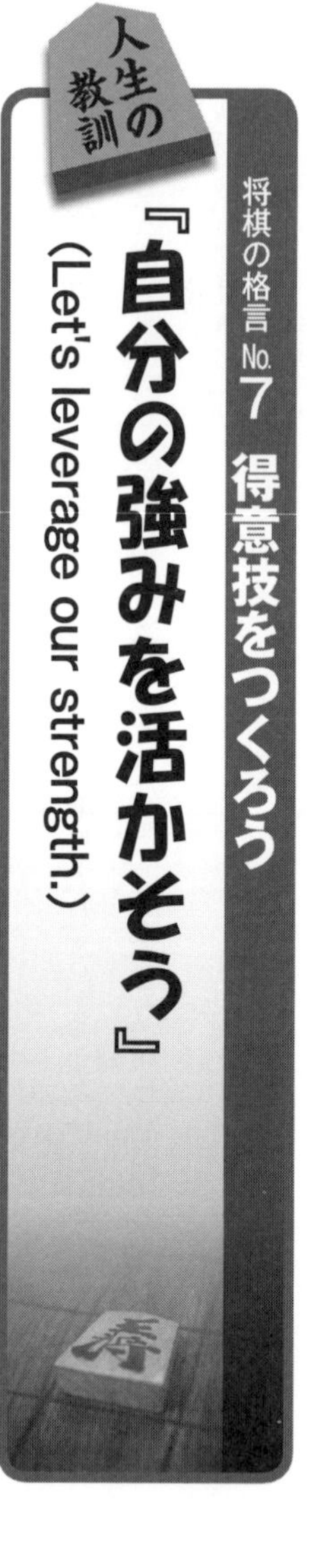

将棋の格言No.7 得意技をつくろう

『自分の強みを活かそう』

(Let's leverage our strength.)

格言の意味

現在活躍しているプロ棋士の多くが得意な戦型を持っています。藤井聡太竜王・名人は先手番で採用する戦法は「角替わり」で、九割を超える驚異的な成績を収めています。同じ藤井でも藤井猛九段は振り飛車で玉を囲わないまま急戦を仕掛ける「藤井システム」、塚田泰明九段は相掛かりの先手から仕掛ける超急戦である「塚田スペシャル」が有名です。この戦法で塚田九段（当時は六段）は公式戦22連勝という当時の新記録を打ち立てました。

人生の教訓

現代経営学の父と言われるピーター・ドラッカー（1909～2005）は『経営者の条件』（上田惇生・新訳・ダイヤモンド社）の中で「強みの上に己を築け」と述べています。弱みを補う努力もときには必要ですが、せいぜい人並にできるようになる程度では仕事で大きな成果を挙げることは期待できません。得意なことだからこそ成果が上がる、成果が上がるから他人から感謝され評価される、評価されるのでますます楽しくなり得意分野を磨く、という成功のサイクルが生まれます。ある特定の分野で第一人者になると知名度が上がり、ブランド力が高まり仕事も増えます。従って仕事で成功するためには、自分の得意分野に仕事を引き込むことです。アンドリュー・カーネギー（米国の実業家、鉄鋼王、1835～1919）は「よりよい成果が得られるのは、自分が一番好きな仕事をしているときだろう。だから人生の目標には、自分が好きなことを選ぶべきなんだ」と述べています。

具体例

柔道の古賀稔彦選手（1967～2021）は、背負い投げを得意技とし「平成の三四郎」の異名をとりました。プロレスではアントニオ猪木（1943～2022）のコブラツイストや卍固めが有名ですね。プロ野球の選手でも決め球（三振のとれる球）を持っている投手は活躍しています。

ところで、日本で一番高い山は富士山です。一番広い湖は琵琶湖です。このことは日本人なら誰でも知っています。それでは二番目に高い山や二番目に広い湖は知っていますか。答えは南アルプスの北岳と霞ヶ浦ですが、答えられる日本人は、あまり多くありません。二番ではなく一つの分野で突き抜けることが大切です。

まとめ

人生で成功したいなら、自分の得意分野で仕事をしましょう。得意分野はたいてい好きなことです。好きなことは長時間取り組んでも疲れをあまり感じず継続することができます。

将棋の格言 No.8 油断大敵

『油断しないよう気をつけよう』(Don't be too sure of yourself.)

格言の意味

「上手の手から水が漏れる」と言われるように達人でも時には失敗することがあります。シェイクスピア（英国の劇作家、詩人／1564～1616）は「慢心は人間の最大の敵だ」、エルヴィス・プレスリー（米国のミュージシャン、俳優／1935～1977）も「うぬぼれすぎると、身を滅ぼすことになる」と述べています。将棋は勝ったと思ったときが一番危ないと言われます。なぜなら将棋は逆転のゲームと言われており、一手のミスでもすぐ逆転に繋るからです。藤井聡太竜王・名人は、逆転勝ちはあっても逆転負けがめったにないという特徴がありますが、その理由は他の棋士なら当然のように指してしまうような局面でも時間を使って慎重に対応している傾向が見られます。

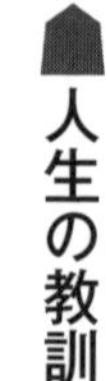

人生の教訓

油断大敵はそっくりそのまま人生の教訓でもありますが、油断によるミスや失敗を減らすためには、次の心構えが挙げられます。

- **常に注意深く警戒すること**：日常生活でも仕事でも周囲の状況や変化に敏感であることが大切です。大山康晴十五世名人も「考えねばならんのは、うまくいき過ぎている時ですよ」と語っています。
- **事前の準備を怠らないこと**：物事を進める上では細部までの準備とリスク評価を怠らないようにしましょう。準備の幅が広ければ予想外の問題が発生した場合も、迅速かつ柔軟に対応することができます。
- **自己反省を行うこと**：過去のミスや自身の失敗を振り返り、改善点を見つけることで将来の油断による失敗を未然に防ぐことができます。

具体例

ビジネスの世界でも油断が重大な結果をもたらすことがあります。市場は常に変化しており、競合他社も日々進化しています。油断して市場動向や競合情報を見逃すと、競争力が低下し、他社にとって代わられる可能性があります。ビール市場で圧倒的なシェアを誇っていたキリンのラガーが、アサヒのスーパードライの登場でシェア一位を奪われた事例は、マーケティング史に残る大逆転劇でハーバードビジネススクールのケースでも取り上げられています。また技術は急速に進化しており、ビジネスに革新的変化をもたらす可能性があります。世界最大のフィルムメーカーであったイーストマン・コダックは、写真フィルム事業での大きすぎる成功のため、写真フィルムの業績に悪影響を与えるとの理由から、発明品であるデジタルカメラの商業化を見送るなどデジタル化の波に乗り遅れてしまいました。フィルム市場の急激な衰退にともない、２０１２年に会社が倒産しました。

まとめ

「サルも木から落ちる」「河童の川流れ」「弘法も筆の誤り」など油断大敵であることを意味する諺は古今東西たくさんあります。自動車事故の七割以上が自宅の車庫を含めた自宅周辺で発生するそうです。知らない道や高速道路などは油断なく緊張しながら運転するので事故はあまり起こりません。緊張が緩んだときこそ落とし穴があることを肝に銘じましょう。

将棋の戦型では何が最強・最高か？

藤森哲也五段はYouTubeで将棋放浪記を配信していますが、将棋の戦型で何が最強か、最高かという質問に対して、自分だけの都合で局面を常時よくすることはできない、臨機応変に対応することが大切、しかし敢えて言うなら、楽しかったと思える将棋と応えています。人生も将棋と同様全てが思い通りになることはありません。人生における成功と失敗の定義は人それぞれですが、自分がいずれ訪れる最後の日を迎えるとき、幸せだったと思える生き方をしたいものです。

格言の意味

三手一組の読み筋が将棋の基本とされています。「こう行く、こう来る、そこでこう指す」と三手ぐらいならアマチュアでもできそうですが、実際は「言うは易し、行うは難し」です。三手先を読めるようになれば将棋では有段者と言われくらい実戦では想定どおりには進みません。将棋で大切なのは、いわゆる自分勝手な勝手読みに陥らないように注意することです。「棋は対話なり」と言われますが、自分にとってもっとも困る相手の指し手は何か。それが「こう来る」です。その手に対してどう指すかをあらかじめ考えた上で指し手を決めることが将棋の上達には欠かせません。『三手一組プロの技』（片上大輔著、２００７年、マイコミ将棋Books）という書籍があります。アマチュアはその場の局面だけを見ていますが、プロは十手先、二十手先の局面をイメージしながら指し手を選択しています。

人生の教訓

将棋でも人生でも自分の言動に対する相手の言動、つまり二手目が死角になりやすく、これを読み違えると三手目以降の読みが全く無意味になってしまいます。その場の感情に左右されることなく、自分の言動に対する相手の反応を予測した上で、次の行動に移しましょう。また何かを成し遂げるためには一回だけの行動ではなかなか成果に結びつきません。ホップ→ステップ→ジャンプという三段プロセス、文章でも序論→本論→結論、ボクシングでもワン・ツー・スリーと組み合わせで考えます。健康的な食生活を維持する上でも朝食、昼食、夕食のバランスやペース配分を考えるべきです。プロ野球の試合運びでも先発投手、中継ぎ投手、抑え投手と3名の登板スケジュールを監督は考えているはずです。自分の目標を達成するためには、いきなりゴールを目指すのではなく、達成可能な階段をつくることです。

具体例

スティーブ・ジョブスは２００５年スタンフォード大学での卒業式でゲストスピーチを依頼されました。ジョブスは大学時代に興味本位で受講したカリグラフの講義でひげ飾り文字を学び、文字を組み合わせた場合のスペースのあけ方も勉強した結果、何がカリグラフを美しく見せる秘訣なのか会得したそうです。そしてそれがのちのアップルの美しいフォントに繋がったという話をしました。将棋もある一手が次の指し手と繋がり、駒同士が連携し、盤面全体で整合性がとれていきます。

まとめ

自分が何かしらの行動をすると相手が反応する、そしてその反応に対してまた自分が行動するという考えるリズムを習慣化すると共に、前の指し手が次に活かされるよう繋いでいきましょう。

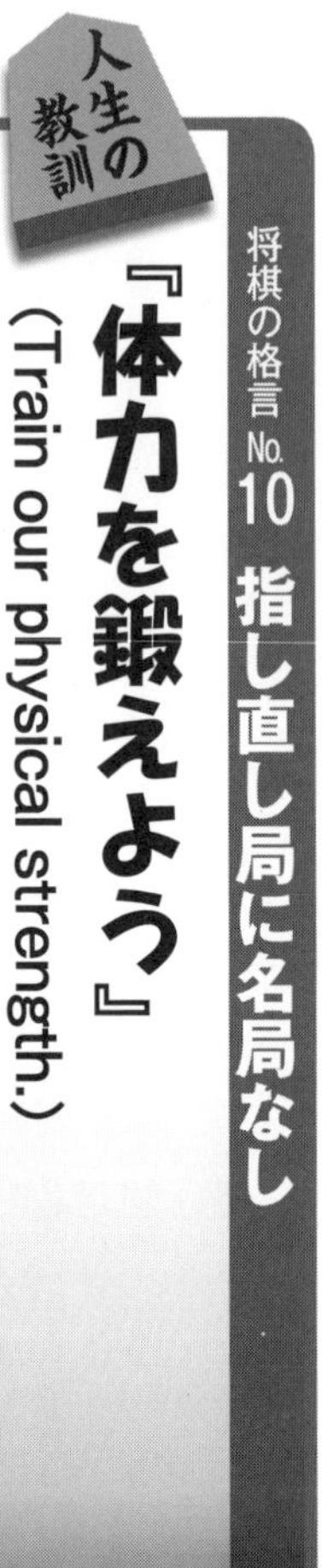

将棋の格言 No.10 指し直し局に名局なし

『体力を鍛えよう』
(Train our physical strength.)

格言の意味

棋界における格言で、指し直し局では、両対局者はかなり疲れているため、名局にはなりづらいと言われています。特に長時間にわたって行われる順位戦やタイトル戦では棋力、精神力と共に体力が要求されます。2022年6月3日に行われた第93期ヒューリック杯棋聖戦五番勝負第一局で永瀬拓矢王座が千日手を繰り返し（「二千日手」と言われています）、藤井聡太棋聖（当時）に勝利したことは有名です。この結果、藤井棋聖のタイトル戦十三連勝が止まりました。永瀬王座は、対局中バナナを数本持ち込み、千日手（同じ手順を繰返し、いつまでも局面が進展しない状態。現行の将棋規則では、同一局面が四回現れたとき千日手が成立し無勝負となります）も辞さない姿勢で臨み体力勝負では負けないという姿勢を示しました。永瀬王座は軍曹というあだ名がついていますが、全棋士の中でも千日手を厭わないことで知られています。勝負事である以上、精神力と共に長時間の対局に耐えられる体力も必要ですが、そのためにはしっかり食べる、しっかり寝る、そして身体を鍛えることも勝負のうちでしょう。大山康晴十五世名人も対局のとき「鰻丼」をペロッと平らげた逸話は有名です。

人生の教訓

人生においてはどんな職業にせよ体力があるほうが有利であることは間違いありませんし、体力に自信がある人のほうが採用される可能性が高まります。換言すると体力的に不安のある人を採用することは躊躇されます。「観る将」（将棋を鑑賞することを楽しみにしているファン）にとっては、対局以外にも棋士が何を食べるかを知ることも楽しみの一つです。「腹が減っては戦はできぬ」（An army marches on its stomach.）に通じますね。藤井竜王・名人のタイトル戦がAbemaテレビでライブ配信されるようになってからは、将棋の内容のみならず、昼食、夕食はもちろん、午前、午後のおやつも紹介されるようになり、またそれを地上波のテレビやワイドショーで取り上げられたスイーツなどがすぐに売り切れになるという現象も起こっています。

具体例

採用にあたって業種業態に限らず、採用担当者にとって体力に自信がない人は困ります。総合商社、コンサルティングファーム、大手金融機関など給与は高いが社内の競争が激しく激務と言われる企業が採用の際、特に重視されるのは「体力」です。運動部系の学生が採用されやすいのもそのためです。

まとめ

プロ同士の対局で間違えるのは、時間に追われてしまう場合と、集中力が切れて誤った手を指すことがほとんどです。将棋は頭脳の格闘技です。ホワイトカラーの方で普段はオフィスワークがメインであっても常日頃から体力を鍛えるように心がけましょう。

第1章 序盤戦（青年期）

序盤は、将棋では大きな戦いを起こす前の準備期間で、初手から仕掛け（駒がぶつかる段階）までの時期と考えられます。序盤と言っても駒組に失敗すると中盤以降の戦いでの苦戦が予想されます。この時期までに差をつけられないよう定跡をしっかり学ぶことが必要です。序盤は、人生では義務教育を終えた後から社会人になり、自立する二十歳過ぎまでです。飛行機でいえば空港で離陸する前の準備と助走期間です。キャリア形成においては序盤の出遅れは避けなければいけません。人生はよくマラソンにたとえられますが、実際は短距離離走の連続と考えたほうが良いでしょう。次のステップに進むためには、スタートで大きく遅れないことが大切です。

人生の教訓

将棋の格言 No.11 序盤で失敗しないようにしよう

『三十歳までに差をつけられないようにしよう』

(Let's make sure we don't fall behind by the time we turn 30.)

格言の意味

プロの将棋の対局では序盤四十手くらいまではほとんど差がつかず、優劣がでてくるのはそれ以降です。逆にプロ同士の勝負においては一手の差で勝負がついてしまうので、序盤で劣勢にならないよう慎重な駒組を必要とします。「将棋は逆転のゲーム」と言われますが、逆転が起こるのは中盤以降の攻め合いか、終盤の持ち時間が足りないときに起こることが多く、序盤で大きく差をつけられてしまうようでは、プロ棋士としての資質も疑われかねません（昔の話ですが、わずか十手で投了した八段のプロ棋士がいて、日本将棋連盟に始末書の提出を求められました）。田中寅彦九段は独創的な序盤戦術により作戦勝ちを収めることが多く、「序盤のエジソン」の異名を持っていました。序盤に少しくらい悪くなっても必ずしも負けるわけではありませんが、勝率を上げるためには序盤から不利にならないように指すべきです。藤井聡太竜王・名人は、デビュー当初から高い勝率を誇る一方で、序盤に課題があると言われていました。序盤の研究で定評のある豊島将之九段にはデビューから六連敗しており、大きな壁と考えられていました。藤井竜王・名人は自らもその弱点を感じていました。そこでＡＩを活用し評価値で形勢判断に役立てていたと、ポナンザ開発者の山本一成氏との対談で明らかにしています。

人生の教訓

人生の教訓としては、序盤戦（三十歳位まで）に差をつけられないようにしたいものです。「人生はいつからでも変えることができる」と言われますし「今日が人生で一番若い」というのも事実です。たしかにこうした考え方に同意しますが、キャリア形成という点で現実はそんなに甘くありません。将棋の対局も人生も「持ち時間」は無限ではなく有限です。将棋のプロ棋士になるためには満二十一歳の誕生日までに初段（アマチュアなら五段以上で全国大会で入賞できるレベル）、満二十六歳の誕生日を迎える三段リーグ終了までに四段に昇段できなかった者は退会となる厳しい世界です。逆に中学生でプロになった加藤一二三九段、谷川浩司十七世名人、羽生善治九段、渡辺明九段、藤井聡太竜王・名人はいずれも名人位に就いています。プロ野球、プロサッカーなどのスポーツ選手、ピアノやヴァイオリンなどの演奏家も子供の頃から始めないと超一流にはなれません。マラソンでも最初からトップ集団か、すくなくとも第二集団に入っていないと上位入賞を狙うことは難しいのが現実です。一般人も人生を決定づけるような出来事の八割が三十五歳までに起こるといわれています。若いうちの経験、出逢い、行動がその後の人生の多くを左右するからです。

具体例

例えば学歴が全てではありませんが、国家公務員総合職試験、司法試験、公認会計士試験などの合格者の多くが特定の大学出身者に偏っていますし、高収入の大手総合商社、大手製造業、大手金融機関でも学歴、つまりどの大学出身かによって採用数には歴然とした差があります。著者は「ビック４」と呼ばれる大手監査法人での勤務経験がありますが、例え努力の末三十歳を過ぎてから公認会計士試験に合格しても、同じ合格者なら年齢が若いほうが採用されやすい傾向がありました。日本のような儒教社会の精神的伝統が残っている社会では、年長者（年上）は年少者（年下）にとって部下としては扱いづらい存在であり、また若い人のほうが伸びしろが大きいと一般的には想定されます。

まとめ

将棋は相手の差し手に対応するゲームなので、序盤で大切なのは、戦略のバリエーションを幅広く持っておくことです。それと同様に人生におけるキャリア形成においても、若いうちに選択肢を狭めすぎないことが大切です。まずは人生の序盤で大きな差をつけられないよう努力しましょう。

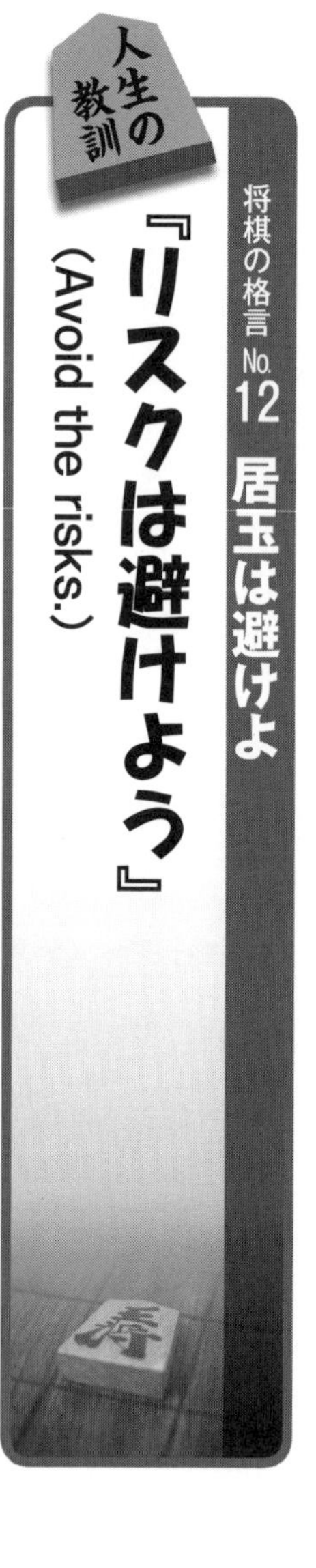

人生の教訓

将棋の格言 No.12 居玉は避けよ

『リスクは避けよう』(Avoid the risks.)

格言の意味

玉を全く一マスも動かさない（先手なら5九、後手なら5一のままの状態）を居玉と言います。居玉のまま戦いが起こると、流れ弾に当たりやすく、王手飛車の筋に入ったり、攻められたときもろいことが多いので、玉は安全な場所に移動させた方がよいという格言です。玉の守りが薄い将棋は間違えるとすぐ不利になります。特にアマチュアの将棋では、穴熊、矢倉など玉をしっかりと囲ったほうが勝ちやすい（負けづらい）と考えられます。但し、急戦の場合は、玉を一手移動させるよりも（無理に守りを固めるよりも）、他の手を指す方がよいこともあります。居玉のほうが、左右のバランスがとれている場合もあり、タイトル戦などトッププロ同士の対局では必ずしも当てはまらないこともあります。

人生の教訓

人生においても大きなリスクは避けるべきです。具体的には次のリスクは避けるべきです。

- **資産の保護**：リスクを避けることにより、自身や組織の資産を保護することが重要です。企業や個人の資産に関連するリスクを予測し、適切な対策を講じることで、財務的な安定性を確保することもできます。企業の安全性を示す指標としては、自己資本比率、流動比率、固定比率、固定長期適合率などがあります。
- **安全と健康の確保**：リスクを避けることにより、安全と健康を確保することができます。例えば、個人の健康を守るためには、リスクの高い行動や環境を避けることが重要です。また、組織や社会の安全を確保するためにも、リスクの予測と防止策の実施が必要です。リスクを適切に回避することで、事故や病気などの予防が可能となります。

具体例

ファイナンスのクラスで最初に習う考え方が"Don't put all your eggs in one basket."(全ての卵を一つの籠に入れるな)です。一つの籠に全ての卵を入れておくと、落としてしまった場合、全ての卵が割れてしまうからです。これは比喩表現で「リスクは分散せよ」「ポートフォリオを組め」という教えです。資産も円だけでなくドルと併せて持つ。株式も異なった値動きをする銘柄を持つことをお薦めします。

まとめ

将棋は玉をとられてはゲーム終了ですが、人生では命を落としたら元も子もなくなります。生命のリスクをかけることは、自身や周りの人々に悲劇をもたらします。安全な選択肢をとることで、健康を保ち、将来における成果を追求しましょう。また生命のリスクを避けることは、自己成長や人生の目標を追求するための基盤を築くことにも繋がります。したがって、生命のリスクを最小限に抑えることは、幸福な人生を築くための基本的な要素です。

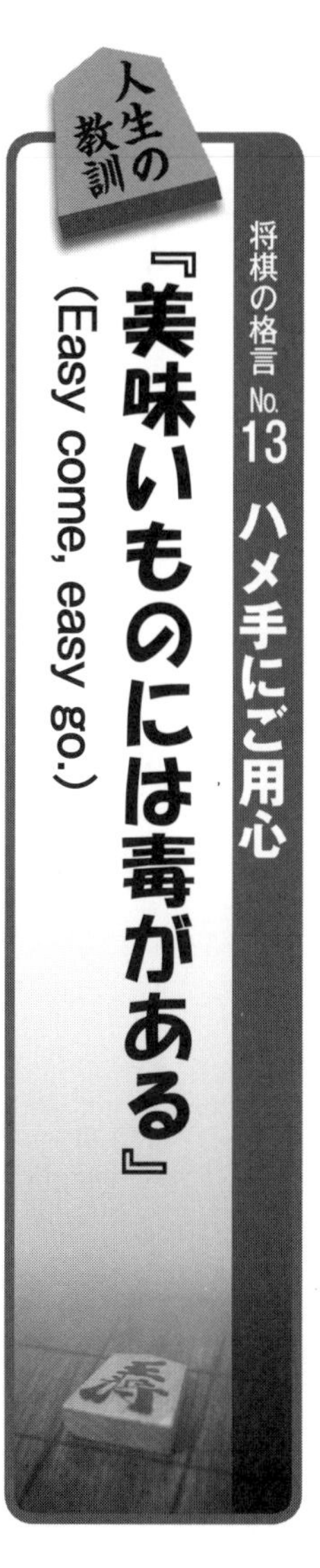

格言の意味

一見すると簡単に得ができるように見える手がありますが、それはハメ手（敵を欺く罠）である可能性があるので注意しましょう。ハメ手とは正攻法ではなくトリック戦法のことで、相手が対応できない場合には有利となりますが、正しく対応できれば一転して不利になります。ですからプロ同士の対局ではほとんど指されませんが、棋力に差があるアマチュア同士の対局では有効と考えられます。ハメ手を仕掛けられる場合は、対応策を知らないとあっと言う間に相手にしてやられ自陣が崩壊してしまいます。将棋のハメ手戦法には、早石田、鬼殺し、新鬼殺し、パックマンなどがあります。一見すると自分だけが得をしそうなうまそうな手には罠があるのではないかと注意しましょう。

人生の教訓

人生訓としては「美味いものには毒がある」と言い換えることができるでしょう。もっと簡潔に言うと「毒饅頭」とも言えます。これから次のことを学ぶことができます。

- **慎重な計画とリスク管理**：行動する前に状況をよく検討し、リスクを見極めることが大切です。たとえば上手い投資案件がある場合、市場調査や競合分析を行うことが必要です。
- **冷静な判断力と感情コントロール**：感情に流されず最善な選択をすることがもとめられます。
- **他社（他者）の意図や行動の読み取り**：上手（うま）い話はそうそうありません。相手の意図やなぜそのような行動をするのか読み取ることが必要です。相手の本音、意図を察知して冷静に対応することが必要です。

具体例

安易な儲け話、格安な宝飾品、振り込め詐欺など私たちの日常生活にもハメ手は隣り合わせです。だます側はだまされる側の心理を巧みに利用し弱みに付け込んできます。タバコ、酒などの嗜好品も多量な摂取は人体に悪影響を及ぼします。著者は還暦を過ぎたにもかかわらず、ラーメン二郎及び二郎系が大好きで、いまだにひと月に一回は食べずにはいられません（このような人々は「ジロリアン」と呼ばれています）。大量の麺（通常の二人前またはそれ以上あります）、塩分、脂分が過多で食べているときの快感と食べ終わった後の罪悪感を繰り返す日々です。こうした食べ物は依存症になりやすく、特に高齢者にとっては生活習慣病に繋がります。

まとめ

上手すぎる手には要注意です。短期的な快楽が目の前にあったとき、すぐに飛びつくのではなくその功罪を考えた上で、冷静かつ慎重な対応が求められます。

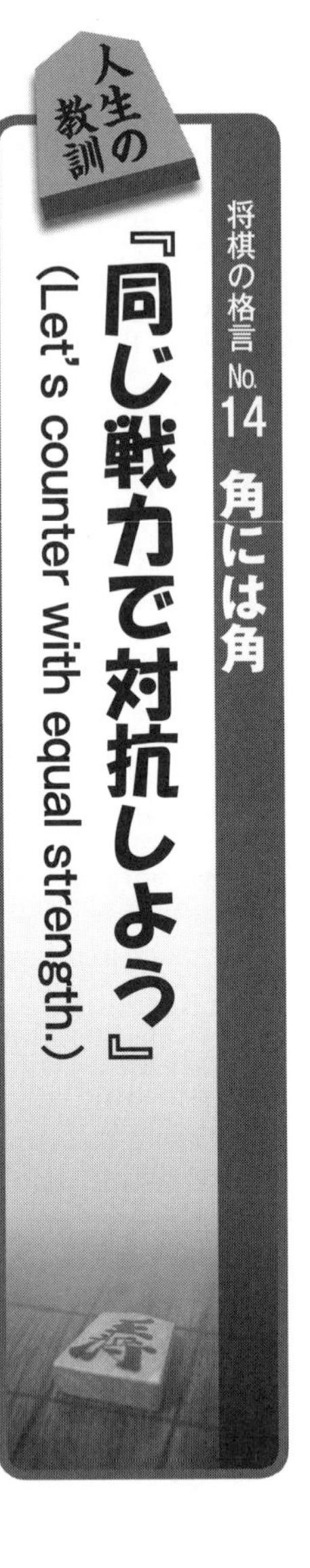

将棋の格言 No.14 角には角

『同じ戦力で対抗しよう』
(Let's counter with equal strength.)

格言の意味

相手の角の利きは、角を合わせると良い場合が多いという格言です。角以外の駒を使って利きを遮断した場合、「角筋は受けにくし」という格言もあるように、遮断している駒も含めて狙われやすくなります。相手の角は別の場所を攻めるために簡単に大きく移動できてしまうため、自分の駒だけが取り残される恐れもあります。角を合わせて利きを遮断した場合、角交換の含みが生じ対抗できます。つまり守るためには同じ戦力で対抗できれば理論的には不利にはなりません。「飛車には飛車で対応せよ」も同じような意味です。相手が強くでてきた場合は、自分も同じように強く立ち向かうことが最大の防御になります。

人生の教訓

人生においては「同じ戦力で対抗しよう」ということになります。同じ戦力で対応することは、安全保障でも基本的な概念です。戦力の均衡が崩れると紛争が発生する可能性が高まります。均衡を保つことの大切さは歴史が示しています。「剣を持って剣を制す」も同じような意味で、同じような武器や力を持つ者同士が競い合って勝利を目指すときの格言です。英語でも「剣を持って剣を制す」に相当することわざはいくつかあります。Fight fire with fire."（火には火を用いろ）"Set a thief to catch a thief."（泥棒を捕まえるために泥棒を使え）などです。

具体例

同じ戦力で対抗する必要性は、いくつかの理由から重要です。

- **公平性の確保**：同じ戦力で対抗することは、公平な競争環境を作り出すために重要です。ある者が他者よりも圧倒的に優れた戦力を持つ場合、競争や対立の目的が失われ、不公正な結果が生じる可能性が高まります。

- **挑戦と成長の機会**：同じ戦力で対抗することは、個人や組織の成長と向上を促進します。強力な相手との競争に直面することで、自身の能力を試し、弱点を克服し、新たな戦略やスキルを獲得する機会が得られます。
- **継続的な革新と進歩**：強力な競争相手が存在する状況では、常に進化し続ける必要があります。同じ戦力で対抗することは、優位性を保つために必要な革新と進歩を促し、市場や環境の変化に適応する能力を高めます。

まとめ

同じ戦力で対抗することは公平性を確保し、成長と学習の機会を提供します。これにより、競争力を高め、個人や組織の長期的な成功を支えることができます。

人生の教訓

将棋の格言No.15　序盤は飛車より角

『人生のステージで優先事項は変わることを知ろう』

(Learn to acknowledge that priorities change throughout the stages of life.)

格言の意味

飛車と角はどちらも強い大駒ですが、攻めの威力は飛車の方が強いとされています。特に敵陣に成り龍になったらその威力は相手にとって大きな脅威です。ただし序盤に関して話は別で、お互いに金銀があまり動いていない低い陣形の場合は、打ち込む場所の少ない飛車よりも、角の方が使いやすく局面を有利にできることがあります。飛車を渡しても相手にすぐに使われることがなく、直後に角の効果的な打ち場所があるなら飛車角交換に踏み込んで優位を得られる場合があります。

人生の教訓

人生のステージで優先事項は変わります。誕生してから社会人になるまで、あるいは社会人になっても三十歳位までの人生における序盤戦では、短期的にお金を稼ぐことよりも将来お金を稼ぐことができるための能力を磨くことを優先しましょう。そのためには仕事で現場経験を積む、国家資格をとる、学位をとるなど時間と根気を要することは、できるだけ若いうちに済ませておきましょう。

具体例

若年期（十代から社会人になる頃まで）でやるべきことは、主に次の4点です。

- **教育と自己成長**：学業や職業のスキルを磨くことに重点を置きます。将来のための高等教育を追求するか、実践的なスキルや専門知識を身に付けることで、自己成長と将来のキャリアの幅を広げることができます。
- **自己確立とアイデンティティの探求**：自分自身の価値観や興味関心のあることを見つけ、自分の長所や短所など自己認識を深めることが重要です。

- **社会的な関係の構築**：同世代の友人やメンターとの繋がりを築くことが重要です。良好な人間関係は幸せな人生の基本です。特に学生時代の友人は生涯の友人になりえます。社会人になるとどうしても利害関係、上下関係があるので心から打ち解けられる友人を得ることは難しいかもしれません。個人的に親しくなるためには、「ばかげた時間」をどのくらい共有していたかその時間に比例しますので、サークル活動の仲間などは卒業をしてからも大切にしましょう。
- **影響力と貢献**：若いときに経験を積むことは、将来の影響力と社会貢献に繋がります。旅行、趣味、スポーツ、読書、異文化に触れる機会をつくることで自己発見することができます。

まとめ

以上述べてきたことを若い頃から意識的に取り入れることで、より豊かで幸せな人生の基盤をつくることができます。総括すると若いときは、成長、学習、自己発見などに時間を使うようにしましょう。

将棋の格言 No.16 位を取ったら位の確保

『前後の行動を連動させよう』

(Synchronize actions before and after.)

格言の意味

序盤において、五段目まで進めた歩（＝位を取る）は狙われやすいので、早めに味方の駒を利かせて位を守る必要があるという格言です。「位(くらい)」とは、お互いの駒が向かい合っている状態の筋において五段目のことです。位を取ると相手陣へ圧力がかかり、攻撃の拠点にもなります。また位の中でも、５五の地点は「天王山」と言われ、特に重要と言われています。語源は京都府の山の名前で、麓が水陸共に交通の要所となっており、戦国時代では重要な拠点でした。

人生の教訓

人生においては、何事においても前後の行動を連動させましょう。資格をとったら即実務に活かす、留学をしたら留学経験を生かせる仕事に就く、手先が器用ならそれを強みにできるような職種を選ぶなど、過去の行動を生かすも殺すも、直後の行動に連動させるかどうかです。野球でも強いチームは打線でも投手リレーでも前後の繋がりがよく、弱いチームは、反対に相互の連携が悪く選手がバラバラに動いています。

具体例

昔と異なり、新入社員として入社して定年まで同じ会社で過ごす人はむしろ稀で、だんだんと少数派になるでしょう。著者は二十代、三十代、四十代、五十代と職場を変え、現在勤務している大学は五つめの職場です。大学の講義では、これまでの実務経験を生かして、できるだけわかりやすいよう実例を交えて話すように心がけています。前後の行動を関連づけることはキャリア形成において非常に重要です。いくつかの観点から説明しましょう。

- **目標達成の効率化**：前後の行動を連動させることにより、目標達成の効率が向上します。具体的なキャリア目標を持つ場合、その目標に向けた段階的な行動計画を立てることが重要です。前の行動が次の行動に繋がり、一貫性のある進歩を促します。たとえば、特定のスキルを習得するために、研究やトレーニングを始め、その後に実践的な経験を積むことで、目標への近道を見つけることができます。
- **知識とスキルの統合**：前後の行動を連動させることで、習得した知識やスキルを統合しやすくなります。キャリア形成は、一連の学習と成長の過程です。新しい知識やスキルを身につけるたびに、それを既存の知識やスキルと関連付け、統合することが重要です。例えば、プログラミング言語を学んだ後は、実際のプロジェクトでそれを活用することで、より深い理解と実践力を獲得できます。
- **モチベーションの維持**：前後の行動を連動させることは、モチベーションを維持する上でも助けになります。目標が遠い場合や困難が予想される場合、途中で諦めたり挫折したりすることがあります。しかし、前の行動の成果を次の行動につなげることで、達成感や成果を実感し、モチベーションを保つことができます。継続的な努力と進歩によって、自信を深めながら目標に向かうことができます。

● **機会の最大化**：前後の行動を連動させることにより、機会を最大化することができます。キャリア形成は、様々な機会を見つけ、利用することで成り立っています。前の行動が次の機会を生み出し、新たな展開や出会いをもたらすことがあります。たとえば、研究プロジェクトで得た成果が、次の仕事や協力関係のチャンスにつながるかもしれません。前後の行動を連動させることで、自身の成長とキャリアの発展に繋がる機会を最大限に活かすことができます。

まとめ

以上のように、前後の行動を連動させることは、キャリア形成において重要な要素です。一貫性と統合性を持った行動を取ることで、目標の達成を効率化し、成長と機会の最大化を図ることができます。

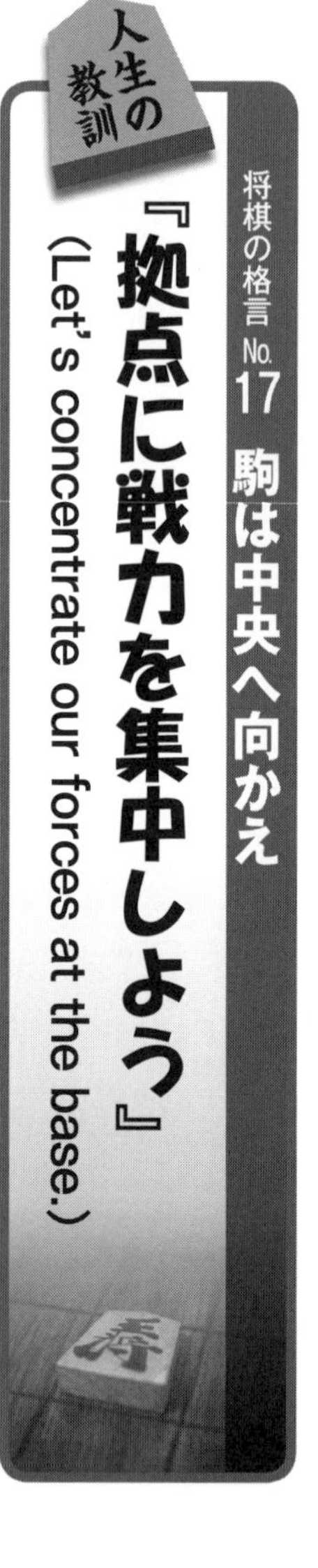

人生の教訓

将棋の格言 No.17 駒は中央へ向かえ

『拠点に戦力を集中しよう』(Let's concentrate our forces at the base.)

格言の意味

駒は中央に向かっていったほうが遊びゴマになりにくく活躍しやすいという格言です。反対に勝負と関係のないところにいくら戦力を投入しても意味がありません。将棋では、一般的には中央付近が重要な拠点となります。なので、中央部分を制圧している側が、優位を築くことができます。

人生の教訓

重要な場所に戦力を集中することは、戦略的な観点から非常に重要です。次にその理由について説明します。

- **重要な目標の達成**：戦力は無限ではなく常に有限です。従って戦力を集中することにより、戦略的な目標を効果的に達成することができます。例えば、戦略的な拠点を攻略する場合、戦力を集中して攻撃することで、迅速かつ効果的に目標を達成することができます。反対に戦力をむやみに分散すると、敵に有利な状況を作り出す可能性があります。
- **資源の最適利用**：戦力を重要な場所に集中させることで、資源の最適利用が可能になります。限られた資源を有効に活用するために、重要な地理的位置や戦略的な目標に戦力を集中させることが重要です。これにより、無駄なく資源を使い、戦力を最大化できます。
- **敵の意図を防げる**：戦力を重要な場所に集中させることで、敵の意図を妨げることができます。敵の計画や行動を予測して、重要な拠点や地域に戦力を配置することで、敵の進行を遅らせたり、彼らの作戦を混乱させたりすることが可能です。

具体例

『失敗の本質―日本軍の組織論的研究』（戸部良一他著、中公文庫）では、日本軍がなぜ米軍に敗れたかを分析しています。その理由の一つが意外にも無駄な勝利を積み上げたことがあると書かれています。例えば、日本と米国を隔てている太平洋には25の島（爆撃機の離発着可能な滑走路を設けられるだけの十分な広さと、安定した地盤を持つレベルの島という意味）があり、日本軍はそのうち17島、米軍はその半分の8島しか占拠していませんでした。しかし太平洋を挟んだ戦闘で米国の圧勝に終わったことは周知のとおりです。その理由は、米軍が太平洋の覇権（この場合は制空権）を握るために必要な島に焦点を絞っていたからです。なぜなら制空権を握ることで、敵の戦闘機の動きを制限・破壊することができます。これにより、敵の偵察、攻撃、物資補給などの活動を妨害し自軍の戦闘機を自由に運用することが可能となりました。つまり戦場の覇権を握るためには、制空権の確保が不可欠と言えます。

まとめ

戦力は常に限られており、個人の人生の資源（健康、資産、人間関係など）も無尽蔵ではありません。限られた資源をどこに振り向けるか、優先順位を考えて行動しましょう。

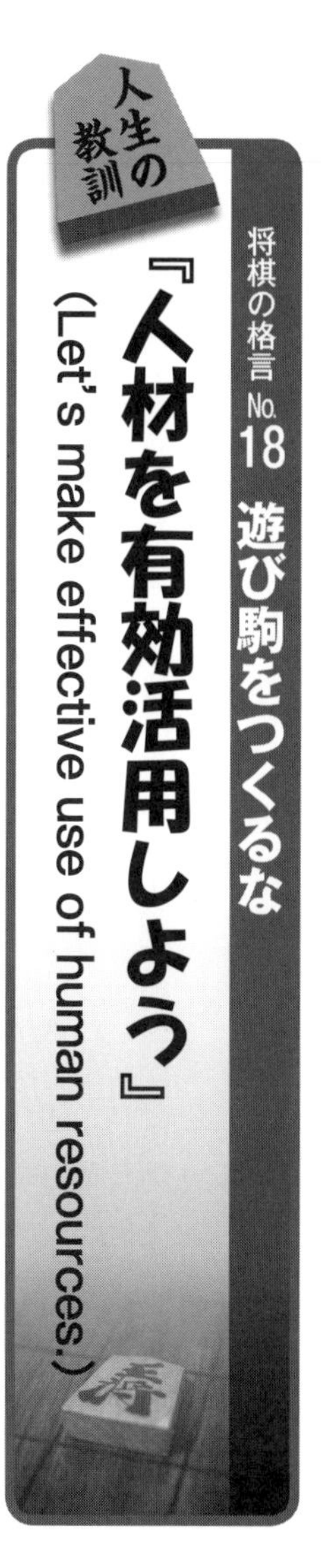

格言の意味

将棋を進める上で、一番やってはいけないことの一つは遊び駒（戦場から孤立している駒）をつくることです。従って対局において、働かない駒をつくらないよう盤面全体を俯瞰しながら指すことが大切です。遊び駒とは攻めにも守りにも利いていない駒、つまり役に立たない駒の状態を言います。換言すると、遊び駒をいかに少なくするか、相手の駒をいかに遊び駒にするかが勝利への近道でもあるのです。

人生の教訓

どんな組織にも、存在はしているけれど、全く業務の役になっていない人材というより「人在」または「人罪」がいます。まさに組織における「遊び駒」、つまり「遊休人員」と言ってもよいでしょう。一般的には、会社は彼らにも給与や諸手当を通常どおりに支払っているので、遊び駒社員のままでは単なるコスト要因に過ぎず、存在自体が経営の足を引っ張っています。このようなことが起こらないよう人材は有効に活用しましょう。

具体例

「遊び駒」を作ることは、経営論の視点から以下の理由で避けるべきです。

- **効率性の低下**：遊び駒は、組織やチームの効率性を低下させます。遊び駒は本来の業務や組織の目標から逸脱しており、組織全体の生産性を低下させます。組織は目標達成に集中し、効率的な職場環境を確保することが大切です。
- **責任と負担の偏り**：遊び駒が存在すると、他のメンバーや従業員に不公平感を与え、業務の負荷の偏りをもたらします。これによって組織の結束力やチームワークが損なわれる恐れがあります。
- **士気の低下**：遊び駒の存在は、組織内での士気を低下させる可能性があります。他のメンバーや従業員は、遊び駒が特別扱いされていることに不満や不公平感を抱くかもしれません。これによって組織全体のモチベーションや信頼関係が損なわれ、パフォーマンスに悪影響を与えかねません。

- **成長の阻害**：遊び駒の存在は、組織やチームの成長を阻害する可能性があります。遊び駒は本来の業務に集中せず、成長やイノベーションの機会を逃します。組織が成長力を維持し、変化に適応するためには、全てのメンバーが同じ目標に向かって取り組むことが大切です。

まとめ

以上の理由から、経営論の視点からも遊び駒を作らないことが望ましいです。組織全体の効率性、責任と負荷の均衡、士気の維持、そして成長の促進という観点から、メンバーや従業員が真剣に取り組む組織環境を作り上げることが重要です。

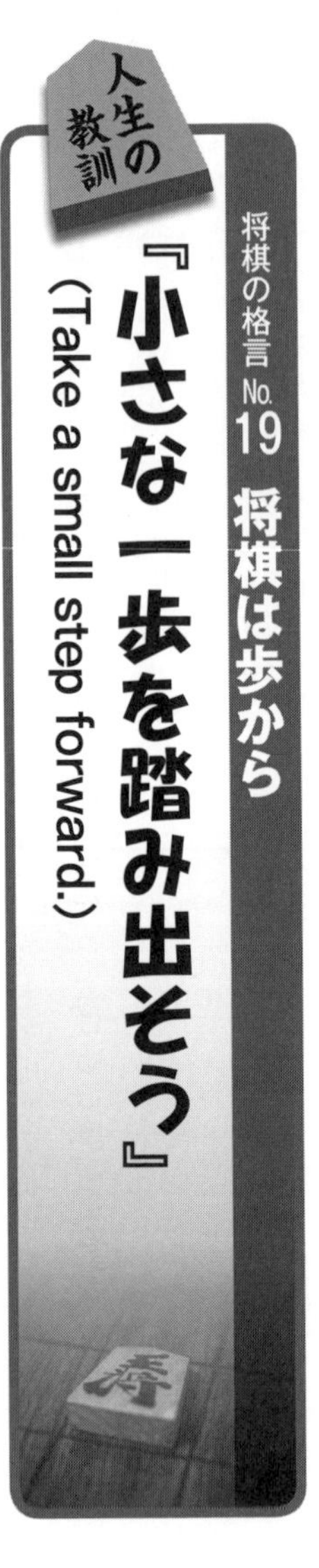

『小さな一歩を踏み出そう』(Take a small step forward.)

格言の意味

将棋の初手は7六歩と角道を開けるか、2六歩と飛車先を伸ばすか、あるいは5六歩と中飛車を目指すかの三択がほとんどであり、いずれも歩を一つ動かすことから始まります。歩を制するものが将棋を制すると言われるくらい、歩の使い方次第で多くの将棋の勝負が左右されます。加藤治郎名誉九段の著書に『将棋は歩から』がありますが、歩の使い方だけを、上中下の三巻に渡って解説しており、装丁は梅原龍三郎画伯、さらに将棋好きの菊池寛が序文を寄せ、当時のベストセラーになりました。

人生の教訓

何事においても小さな一歩を踏み出すことから始めましょう。「千里の道も一歩から」（英語では、Rome was not built in a day「ローマは一日にしてならず」に相当します）と言います。大きなことを成し遂げるには、身近なところから着実に始めていくことの大切さを示しています。日常生活の実例として著者のダイエット経験の話をさせてください。著者はスポーツクラブに過去三回入会しましたが、全て半年も続かず退会しています。納豆ダイエット、キャベツダイエットなどブームになるものは一通り試しましたが、いずれも三日坊主で長続きしませんでした。運動が苦手で、食いしん坊の自分には向かなかったため継続できませんでした。しかし還暦を前に健康維持のためにも何とかしたいと思い、またコロナ禍で外食機会が減ることをチャンスとして、朝食は豆乳ヨーグルトとバナナ、夕食は炭水化物をできるだけ控えました。そして毎朝、体重を測定しエクセルシートに記載することをはじめ、約三年かかりましたが、六十三キロあった体重が五十五キロ前後に減りました。ラーメン、寿司、焼肉など好きなものはできるだけ昼食に量を控えめに食べるようにしています。その後も大きなリバウンドはしていません。

具体例

前人未踏の日米通算4367本の安打数を誇るイチロー選手も全てが一本のヒットからの積み重ねと語っています。アポロ11号に搭乗し月面着陸を人類として最初にはたしたニール・アームストロング船長は「一人の人間にとっては小さな一歩だが、人類にとっては大きな飛躍だ」（That's one small step for a man, one giant leap for mankind.）と言いました。余談ですが、タリーズコーヒージャパンの創業者である松田公太さんの著書『全ては一杯のコーヒーから』（新潮文庫）は、とても読みやすく元気の出る本なので、起業を目指す若い方に特にお勧めします。

まとめ

一流は「すぐやる」、二流は「あとでやる」、三流は「あとでやろうとする」という文章を読んだことがありますが、最初の一歩を踏み出せるかどうかで人生の多くのことが決まります。小さな一歩を踏み出すことから始めましょう。

将棋の格言 No.20 仕掛けの筋に飛車を振れ

『人生の岐路では最大の強みを活用しよう』

(At life's crossroads, let's harness our greatest strengths.)

格言の意味

戦いが起こりそうなところに飛車を移動させることです。振り飛車（序盤において、初形で右翼にある大駒の飛車を左翼へ展開する戦法）では、戦いの起こる筋に飛車を振るのが基本となります。なお「回れる飛車は回っておけ」という格言もあります。

人生の教訓

人生の勝負所では、自分の最大の強みで対応しましょう。なぜならそこにはいくつかの重要なポイントがあるからです。

- **自己理解と自己成長の促進**：自分の強みを活用することで、自分自身をより深く理解し、自己成長を促進することができます。自分の強みを活かすことで、自信を持ち、自己評価が向上し、自己啓発の道を進むことができます。

- **やりがいと充実感の追求**：自分の強みを活用することで、自分が得意とする分野での仕事や活動に取り組むことができます。自分の得意なことに取り組むことで、よりやりがいを感じ、充実感を味わうことができます。
- **成功の確率の向上**：自分の強みを活かすことは、成功の確率を高める要素となります。強みを活用することで、他の人よりも優れたパフォーマンスを発揮し、目標を達成する可能性が高まります。
- **影響力の拡大**：自分の強みを活かすことで、周囲の人々に対して影響力を持つことができます。自分の得意なことを通じて他人を助け、共感を生み出すことで、人々の心に深い印象を残し、良い変化をもたらすことができます。

具体例

プロ野球で開幕戦では、どのチームもそのシーズンのローテーションの核となるエース投手が先発することが一般的です。相手のチームもエース投手を先発させるので、その試合の勝敗の駆け引きとしては、得策かどうかは意見が分かれるでしょう。しかしながら、相手のエース投手と自分のエース投手との対戦をあえて避けるようでは「気合い負け」と思われ、チームの士気にも影響します。気合い負けは勝負師の一番好まないことです。逆に開幕戦で相手のエース投手を倒すことができれば、チームの士気は上がりよいスタートを切ることができるでしょう。

まとめ

自分の強みを活用することは、自己成長、やりがい、成功、影響力などの多くの面で意義があります。自分の強みを知り、それを生かす道を選ぶことで、充実した人生を送ることができるでしょう。

人生の教訓

将棋の格言 No.21 手のないときは端歩を突け

『やることがないときは、損のないことをしよう』

(When you have nothing to do, focus on things that won't bring you any losses.)

格言の意味

序盤の局面で他に有効な指し手がなければ、端の歩をぶつからない範囲で突けという格言です。端を突いておくと端攻めの選択肢が広がり、また将来自玉の逃げ道になり、中終盤でプラスに働く可能性があります。端歩に関しては、「端歩は心の余裕」という言い方もされます。また「本当は突きたくないけど、突かないとあとで困るので端歩を突いておく」ことを「本当は払いたくないけど、税金を払わないと後で困るので払っておく」という心情になぞらえ「端歩は居飛車の税金」と呼ばれるようになりました。居飛車の税金は主に、振り飛車側の「角」が端に飛び出してくるのを未然に防ぐ一手とされています。

人生の教訓

やることがないときは、今後の長い人生において、まず損にはならないことをしましょう。具体的には資格取得や技能をアップするための自己投資、リスクの低い資産投資などです。

具体例

キャリア形成において損のない手は、次のような要素を含んでいます。

- **自己分析と目標設定**：自分のスキル、興味、価値観を分析し、将来の目標を明確に設定することが重要です。自分が何をしたいのか、どのようなキャリアパスを選びたいのかを明確にすることで無駄な時間や努力を避けることができます。
- **継続的な学習とスキルの開発**：自己成長はキャリア形成において欠かせません。業界のトレンドや技術の変化に対応するために、継続的な学習とスキルの開発に努めましょう。セミナーや研修に参加したり、オンラインの学習プラットフォームを活用したりすることも有益です。

- **ネットワーキング**：適切な人々との関係構築はキャリア形成において重要です。業界の専門家やメンターとの繋がりを築き、経験や知識を共有し合うことで、新たな機会や情報を得ることができます。
- **経験と実績の積み重ね**：キャリア形成において経験は貴重です。可能な限り多くの経験を積むことで、自身の能力を向上させ、履歴書やポートフォリオに実績を積み重ねることができます。また、新しいプロジェクトや責任を引き受けることで、自己成長の機会を広げることも重要です。

まとめ

これらの要素を意識しながらキャリアを形成していくことで、将来的に損をすることなく、より成功する可能性が高まります。

第2章 中盤戦（壮年期）

将棋の中盤は、いよいよ駒同士がぶつかり、戦いが始まる段階です。人生では社会人になってから四十歳前後の中間管理職になるまでの時期です。本格的な戦いが起こるこの段階での失敗は取り返しがつきませんので、まさに人生における勝負所です。中盤の考え方は、攻守のバランスをはかりながら、相手の弱点を攻める、飛車角銀桂で攻めの形を整える、相手の大駒を活用させせないようにするなどです。個人のキャリア形成では、四十歳以降の基盤となりますので、自己投資を決して怠ることなく、勉強や読書は学生時代以上に真剣に継続するようにしましょう。

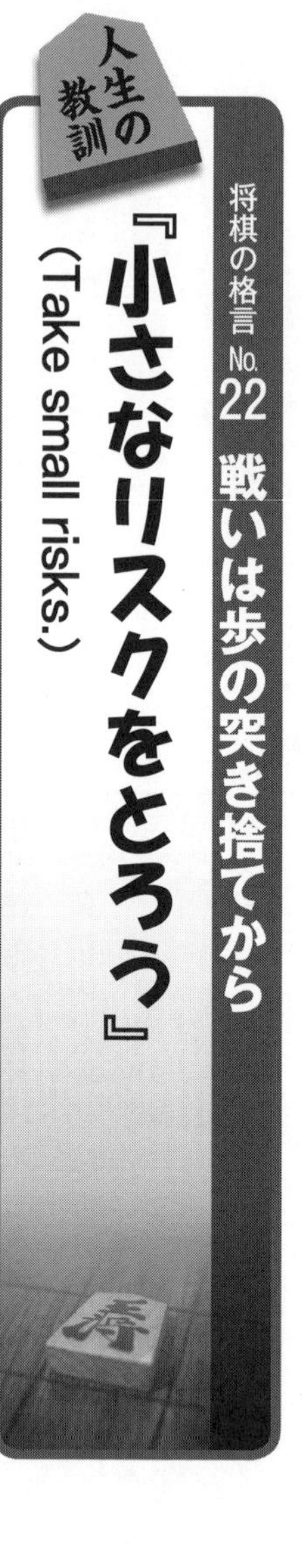

『小さなリスクをとろう』(Take small risks.)

格言の意味

戦いを起こす前に歩を突き捨てておくことで、相手の歩の位置を上ずらせるとともに、自分の駒が進みやすくなります。また後でその筋に持ち歩が利くようになるので有効であるという格言です。結果的に攻めのバリエーションや可能性が広がるメリットがあるため、攻めに関連する複数の筋の歩を開戦前に予め突き捨てておくのがよいという格言です。少しさかのぼって考えると、戦いを起こす前の段階で、いつでも歩を突き捨てることができるように、歩を伸ばして準備しておくことも重要です。しかしながら歩を突き捨てるタイミングは難しく、早すぎても遅すぎても形勢を損ねてしまいます。

人生の教訓

小さなリスクは人生につきものです。大きな目標を達成するためには、小さなリスクをとりましょう。小さなリスクをとることにはいくつかの意義があります。

- **成長と学習の機会**：小さなリスクをとることは、新しい経験やチャレンジに向き合う機会を提供します。新しいことに取り組むことで、自己成長やスキルの向上、知識の拡大が促進されます。
- **自己信頼心の構築**：小さなリスクをとることは、自分自身の能力や判断力に対する自信を構築する助けとなります。成功することで自信を深め、将来の大きなリスクにも積極的に取り組むことができるようになります。
- **創造性と革新の促進**：小さなリスクをとることは、新しいアイデアや革新的な解決策を見つけるための重要なステップです。安全な領域を出て新たな挑戦に立ち向かうことで、創造性を刺激し、新たな視点やアプローチを見つけることができます。
- **機会の拡大**：小さなリスクをとることは、新たな機会を見逃す可能性があります。新しい人との出会い、ビジネスチャンスの発見など、様々な機会を得ることができます。

- **レジリエンス（回復力）の向上**：失敗や挫折を経験することは人生において避けられませんが、それらを乗り越えることでレジリエンスが向上します。挑戦に立ち向かうことで、失敗から学び、次に向けて前進する力を養うことができます。

具体例

海外留学や資格試験の勉強などにはお金と時間がかかります。その意味ではリスクはありますが、生活や健康を脅かすほどでなければ、プラスになることがほとんどです。著者は三十三歳で当時の勤務先を休職し、米国の大学院に留学しました。その経験と人脈がその後のキャリア形成の基盤となりました。

まとめ

これらの要素からわかるように、小さなリスクをとることは個人の成長や発展において重要な役割を果たします。ただし、リスクを選択する際には適切な判断と計画が必要です。

将棋の格言No.23　駒が三つぶつかっていれば初段

『感情に左右されず冷静になろう』
(Control your emotions!)

格言の意味

将棋では駒が三つぶつかっていれば初段またはそれ以上の棋力と言われています。初心者のうちは、歩を突かれるとすぐ取ってしまいがちです。なぜなら歩を突かれると攻撃を受けていると感じて、つい防衛本能から反射的に取ってしまうからです。そうした欲望にブレーキをかけ冷静に局面での他の選択肢を考えられるようになれば有段者ということになります。駒をとると一見得をしたような気分になれるかもしれませんが、本当にどんなプラスがあるのか、それともマイナスが生じるのかを冷静に見極める必要があります。なぜなら駒はぶつかったら取るのが必ずしも良い手とは限らないので、プロ同士の棋譜をみると複数の箇所で駒がぶつかっている局面があります。

特に高段者が相手なら、何かを意図して突いてくるため、誘いの手であることがほとんどなので、取らないほうがよいことが多々あります。

人生の教訓

感情に左右されず冷静になりましょう。一次的な感情に基づく行動は、次の理由から避けるべきです。

- **誤った判断**：一次的な感情は短期的で一時的なものであり、冷静な判断を妨げる可能性があります。感情的な状態では、物事を客観的に見ることが難しくなり、誤った判断や行動をする可能性が高まります。
- **長期的な影響**：一次的な感情に基づく行動は、後で後悔する可能性が高いです。感情的な反応が引き起こす行動は、後になって悪影響を及ぼします。長期的な関係や結果を考慮せずに行動すると、後悔や後に続く問題を引き起こすでしょう。
- **他者への悪影響**：一次的な感情で行動することは、他の人々に対しても悪影響を及ぼします。感情の爆発や攻撃的な態度は、関係を悪化させ他者を傷つけます。他の人々との良好な関係を維持するためには、感情的な反応に左右されずに冷静に行動することが重要です。

具体例

若い頃は自分の感情をコントロールすることが苦手でした。今では、腹が立つことがあり、倫理的に許しがたいことがあっても、自分の影響力を考慮した上で冷静に行動するよう努めています。中日ドラゴンズの落合博満元監督は監督在任期間中の八年間全ての年でAクラス入りを果たし、リーグ優勝四回（うち２０１０年と２０１１年にセ・リーグ連覇）、日本一一回の実績を残した名監督として知られています。ベンチの中では常にどっしりと座り、自らの喜怒哀楽といった感情を外に表すことはめったにありませんでした。選手への影響を理解していたからです。

まとめ

以上の理由から、一次的な感情に基づく行動は避け、冷静な判断と長期的な視点を持って行動しましょう。デール・カーネギーの「人を動かす」にも繰り返し書かれていますが、人間関係で感情的になって相手を批判して得になることはけっしてありません。

将棋の格言 No.24 攻めは飛車角銀桂

『経営は、ヒト、モノ、カネ、情報を揃えよう』

(Get people, things, money, and information together.)

格言の意味

駒組みが終わり、駒がぶつかる段階になると相手陣へ攻め込むためには、飛車・角・銀・桂の四枚を使うのが望ましいという格言で、攻撃のための陣形づくりの基本です。四枚の攻めは切れないと言いますので、攻めの指針となるでしょう。飛車は最も強い駒ですが、飛車だけではその威力は限られています。角、銀、桂といった他の攻め駒と連携することで、その威力が発揮されます。特に銀は攻撃の先兵と言われています。銀は羽生善治九段が最も好む駒と言われています。銀を軸にした多彩な攻撃が可能となるためです。

人生の教訓

経営はヒト、モノ、カネ、情報の要素から成り立っていると言われます。これらを有機的に活用してこそ経営戦略が組み立てられます。

- **ヒト**：経営においては、組織のメンバーや従業員が重要な要素です。経営者は適切な人材を採用し、彼らを指導・管理することで組織の目標達成に貢献します。人々の能力やモチベーションが高ければ、効率的な業務遂行やイノベーションが可能となります。
- **モノ**：モノ（資源や設備など）は、経営において必要な物理的要素です。適切な資源の確保や設備の適切な管理は、生産性や効率性の向上に寄与します。また、製品やサービスの品質や提供能力を高めるためにも重要です。
- **カネ**：資金は経営を遂行するための重要な要素です。適切な資金の調達や資金の効果的な管理は、事業の運営や成長に必要不可欠です。カネの適切な配分や投資は、利益の最大化や事業の持続可能性を追求するために重要です。
- **情報**：経営においては正確な情報の入手と適切な情報の活用が不可欠です。市場の動向、競合情報、顧客のニーズなどの情報は、経営者が意思決定を行うための基盤となります。適切な情報の収集と分析は、戦略の策定やリスクの管理に役立ちます。

具体例

経営の四つの要素は、軍事にも当てはまります。この中でも情報は近年その重要性が増しています。日本においてスパイ行為は卑怯かつ不正な手段でネガティブな印象がありますが、日本以外の諸外国において諜報機関はインテリジェンスと呼ばれ国家の安全保障において重要な一機関とされています。ロシアのプーチン大統領もKGB（ソ連国家保安委員会）の諜報員でした。情報を把握することは、国家の命運を左右するほど重要です。

まとめ

経営ではヒト、モノ、カネ、情報といった要素をバランス良く取り扱うことが重要です。経営者は、人々を組織に結集し、適切な資源を活用し、適切な資金を確保し、正確な情報を収集・活用することで、組織の目標達成に向けて効果的な経営を行います。

格言の意味

桂馬は将棋の駒の中でもっともトリッキーな駒です。相手の駒の上を飛び越えていくことができる唯一の駒だからです。中原誠十六世名人は桂馬づかいの名手と言われました。桂馬を上手に使いこなせれば大成功します。しかし桂馬は後戻りできないという弱点もあるので使い方には注意が必要です。しっかりと先を読んだ上での桂跳ねでないと駒損になってしまいます。なので初心者には序盤早々の桂馬の高跳びは推奨できません。但し最近ではＡＩソフトの影響でプロ間では桂馬の跳ねるタイミングが早くなったと言われています。

人生の教訓

キャリア形成において攻め急ぎをしないことが重要です。その理由を簡潔に説明します。

- **着実な基盤の構築**：キャリア形成は長期的なプロセスです。急いで結果を出そうとすると、堅固な基盤を築くために必要なスキルや知識を見落とす可能性があります。着実にスキルを磨き、知識を深めることで、より持続的で成功の可能性の高いキャリアを築くことができます。
- **ミスや失敗の回避**：急いで行動すると、十分な準備や計画ができない場合があります。それによってミスや失敗が生じる可能性が高まります。じっくりと計画を練り、リスクを最小限に抑えることが重要です。
- **経験の獲得**：キャリア形成は経験の積み重ねでもあります。急いで結果を求めると、新たなチャレンジや機会を見逃してしまう可能性があります。焦らず異なるプロジェクトや役割に挑戦し、多様な経験を積むことが重要です。
- **継続的な学習と成長**：キャリア形成は進化し続けるものです。急いで成果を上げることにフォーカスすると、自己成長や学習の機会を見逃す可能性があります。ゆっくりと進めながらも、自己啓発に取り組み、新たなスキルや知識を習得することが重要です。

具体例

攻め急いで失敗したケースは枚挙にいとまがありません。短期間での多店舗化で大失敗したいきなりステーキや東京チカラめし、数年前のブームにのって出店したタピオカ店、メキシカンタコス店、海外のカフェチェーンなどもそのほとんどが既に撤退、または大幅に店舗数を削減しています。継続した攻めがあるのか、競合状態はどうなるかをよく見極める必要があります。

まとめ

総括すると、キャリア形成においては焦らずに着実に進むことが重要です。急ぐことよりも、堅実な基盤の構築、ミスや失敗の回避、経験の獲得、継続的な学習と成長に焦点を当てることが成功への道を切り拓くでしょう。

人生の教訓

将棋の格言No.26 急戦矢倉に帰りのガソリンなし

『全資産をつぎ込むときは勝算があったうえでやろう』

(When investing all your assets, make sure you have a reasonable chance of winning.)

格言の意味

急戦矢倉とは、矢倉戦における後手番の有力な戦法であり、角筋を通したまま戦います。米長邦雄永世棋聖が創案し、好んで指したことから米長流急戦矢倉がよく知られています。受け身になることが多かった矢倉後手番において、自ら積極的に攻めて主導権を握るこの戦法は、矢倉後手番に頭を悩ませていた多くの棋士の間で流行ることになりました。急戦矢倉は、攻め始めたら止められない一方通行の指し方です。片道切符（one-way ticket）なので、局面を元に戻すことはできず攻め倒すか、攻めが切れて負けるかどちらかになりやすいです。まさに「急戦矢倉に帰りのガソリンなし」（『役立つ将棋の格言99』（週刊将棋編）Ｐ30）です。

人生の教訓

全資産をつぎ込むときは勝算があったうえでやりましょう。逆に勝算がない場合はけっして無理やり踏み込んではいけません。無謀な戦いを避けることは「孫子の兵法」でも最も大切な教えです。無謀な攻めがいけない理由はいくつかあります。

- **失敗のリスク**：無謀な攻めは計画や準備を欠いている場合があり、その結果失敗する可能性が高まります。失敗すれば、企業の信用やブランド価値を損なうこともあります。
- **資源の無駄遣い**：無謀な攻めは、本来有効活用できるはずの資源を無駄遣いすることになります。企業の場合、貴重な予算や人材を無駄にすることは経営に悪影響を及ぼします。
- **持続可能性の観点**：持続可能な成長を目指す場合、無謀な攻めは一時的な利益に終わる可能性が高く、長期的なビジョンや目標を達成することが難しくなります。

具体例

ボクシングに例えるなら、ほぼノーガードでパンチを出し続け攻めまくる戦い方です。攻めは最大の守りですので、相手に有効なパンチが入ればよいはずです。但しいったん攻めが止まり反撃にあうと、戦いを続けるための体力が残っていないと、あっと言う間に負けてしまいます。１９７４年10月30日、ザイール共和国（現在のコンゴ民主共和国）の首都キンシャサで行われた世界ヘビー級タイトルマッチで、当時の絶対的な王者ジョージ・フォアマンがモハメド・アリの挑発に騙され、前半戦で無駄なパンチを振り回した結果、八回に反撃されＫＯ負けになったことは、ボクシング史上最大の番狂わせとなり「キンシャサの奇跡」と呼ばれています。

まとめ

これらの理由から、計画的で検討された攻め方が重要であり、無謀な攻めは避けるべきです。

格言の意味

相手の玉を斜め前から攻めることを意味します。「こびん攻め」は角の利きを生かすことが多く、桂馬や歩と連動すると厳しい攻めとなります。特に美濃囲いを攻める場合に「こびん攻め」の変化を警戒する必要があります。ヘボのアマチュア将棋指しの著者は頭ではわかっていながら、角と桂が連動したこびん攻めに何どもしてやられ自陣の美濃囲いが崩壊しています。

人生の教訓

相手の弱点を攻めることは、戦略上重要な意味を持ちます。

- **効果的な戦術を展開**：相手の弱点に集中的に攻撃することで、相手を打ち負かすための最も効果的な方法を見つけることができます。その弱点をつくことで、相手の能力やリソースを制限し、有利な状況を作り出します。
- **自身のリソースを節約**：相手の弱点を攻撃することは、自身のリソースを最小限に抑えつつ、相手を効果的に傷つけることができます。これにより、自身のエネルギーや時間、戦力を有効に活用し、戦争や競争において勝利を収めることが可能となります。
- **心理的な優位性を獲得**：相手の弱点を的確に突くことで、相手の自信を揺さぶり、心理的なプレッシャーをかけることができます。これにより、相手の判断力や行動力を低下させ、自身の戦略的な優位性を確立することができます。
- **勝利への道筋の明確化**：戦略的な目標や優先順位を設定し、勝利に向けた計画を立てることができます。

具体例

相手の弱点を攻めるのは勝負の常道です。スポーツの世界でも当たり前の戦略です。

ロサンゼルス・エンゼルスの大谷翔平選手は高めに強く低めに弱い、マイク・トラウト選手は高めに弱く低めに強い傾向があるので、相手のピッチャーは当然異なった攻め方をしてきますし、どちらのほうが組みしやすいかは打者との相性もあるでしょう。

まとめ

相手の弱点を攻めることは、戦略的な利点を生み出すことができる重要な手段です。どんなに強い相手であっても完全無欠ということはなく何かしらの弱点がありますす。相手の弱点を攻めるころで自身の勝利への可能性を高めることができます。ただし、相手の弱点を見極めることと共に、攻撃のタイミングや方法を適切に判断することも重要です。

人生の教訓

将棋の格言No.28 敵の打ちたいところへ打て

『他人が望んでいることにチャンスがあることを知ろう』

(Let's do what others desire.)

格言の意味

相手に打ちたい場所があるとき、自分が先にそのマスへ持ち駒を打つ手が好手になりやすいという格言です。自分が持ち駒を打てば、相手からそのマスへ持ち駒を打たれる手を防ぐことができるので、受けの選択肢を考えるときの参考になります。また敵の急所は自分の急所でもあります。

人生の教訓

他人が望んでいることに機会があることを知りましょう。「マーケティングとは顧客の課題を解決すること」と言われることにも通じます。「敵の打ちたいところへ打て」というフレーズは、経営戦略論の観点からは、競合他社や市場の隙間（ニッチ市場）や弱点を見極め、その領域に的確に攻撃を仕掛けるアプローチを指しています。

この戦略は、次のような考え方に基づいています。

- **競争優位性（Competitive Advantage）の獲得**：競争激化する市場では、自社の強みを活かすだけでなく競合他社の弱点や攻略の余地がある市場の領域を見つけ、そこに進出することが重要です。敵が打ちたいところ、つまり競合他社が強力に攻めてくる可能性のある領域に先に攻撃を仕掛けることで、競争優位性を確立することができます。
- **需要の創造**：新たな市場や需要の創出も「敵の打ちたいところへ打て」の一環として考えることができます。競合他社がまだ手を出していない領域や未開拓の市場（ブルーオーシャン）に目を向け、ニーズや顧客の要求を満たす新たな商品やサービスを提供することで需要を創出し、競争上の優位性を築くことができます。

具体例

明治エッセルスーパーカップは現在どこのスーパーやコンビニでも置かれている定番のアイスクリームです。明治の製品開発チームは〝食べたい場面〟を聞き、新しい食場面に適応する商品を企画しました。それで誕生したのが「大容量で美味しい百円アイス」である同商品です。消費者の潜在ニーズを満たすべく、数回に食べ分けることが可能なしっかりした蓋を特徴としています。

まとめ

ヘンリー・フォード（1863～1947）は「成功の秘訣というものがあるとしたら、それは他人の立場を理解し、自分の立場と同等に他人の立場からも物事を見ることのできる能力である」と述べています。経営戦略において、「敵の打ちたいところへ打て」は、競争優位性の確立、需要の創出といった要素を組み合わせた戦略的なアプローチです。競合他社の動向や市場の変化を的確に分析し、敵が攻めてくる可能性の高い領域に主導権を握ることで、成功を収めることができるでしょう。

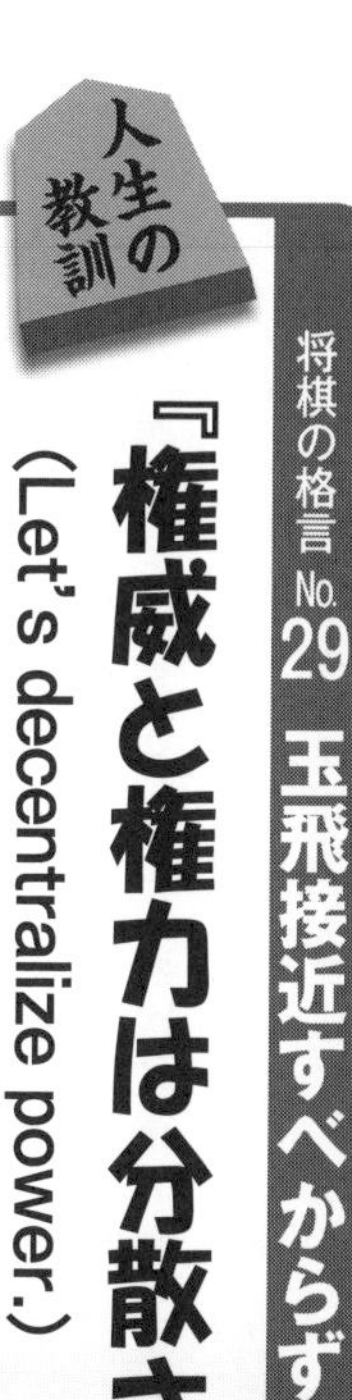

将棋の格言 No.29 玉飛接近すべからず

『権威と権力は分散させよう』

(Let's decentralize power.)

格言の意味

もっとも大切な玉と、もっとも攻撃力のある飛車が近くにいると同時に狙われやすいので、それは避けるべきという格言です。従って玉と飛車は左右反対側に配置するのが将棋のセオリーです。また玉を攻めるよりも攻めの中心である飛車を攻めるほうが効率的なことがあります。但しカニカニ銀・右玉といった戦法では玉と飛車が近接している場合もあります。

人生の教訓

玉は権威、飛車は権力と擬えるとわかりやすいでしょう。権威と権力は分散させるほうが一般的には良いとされています。その理由は次のようなものがあります。

- **民主的な意思決定**：権威と権力を分離させることで、意思決定がより民主的になる可能性があります。単一の権力者がすべてを支配することなく、意見や考えが多様な人々からの貢献を反映することができます。
- **権力の濫用を防止**：単一の権力者が全てを支配する場合、その権力の濫用や不正行為のリスクが高まります。権威と権力を分散させることで、各個人や組織がお互いを監視し合い、権力の濫用を防止する効果が期待されます。
- **システムの安定性**：単一の権力が崩壊した場合、それに依存する全てのシステムが崩壊するリスクがあります。権威と権力を分けることで、個別の権力の失敗が全体に与える影響が軽減され、システムの安定性が向上します。

具体例

権威と権力を適切に分けることは政治でもビジネスでも大切です。例えば、政治的権力をチェック・アンド・バランスするシステムや、企業内の権力分散などがその例です。一人に権力が集中する独裁国家や、一人の経営者（創業社長である場合が多いです）に権力が集中すると誰も異論を言えなくなり、権力者は裸の王様となる一方、国家なら恐怖政治、企業ならパワハラ会社となり、自由闊達なアイデアは生まれづらくなります。政治の腐敗や企業の不祥事の多くが、権力が特定の人間に集中しすぎてしまう結果であるケースが多いようです。

まとめ

組織内においても権威者と権力者（例えば、創業家社主と外部から招聘されたヤリ手の実力社長）は隣接しているよりも、適度な距離を置いたほうが上手くいく場合が多いです。権威と権力は分散させるようなシステムを作りましょう。

将棋の格言 No.30 危険な桂馬は早めに消せ

『争点は早めに消せ』

(Resolve the points of contention early.)

格言の意味

桂馬は他の駒がいるマスを跳び越えることができ足が速い駒なので、防ぐことが難しく、かつトン死筋を生むことがあります。そういった危険性のある桂は、一手争いの終盤に入る前に消しておいた方が安心という格言です。同様な格言に「危険なと金は早めに消せ」があります。戦いの争点を予め消しておくことは勝利のためのセオリーです。

人生の教訓

人生においては「争点は早めに消せ」と読み替えることができます。この表現は、主に政治やビジネスの戦略に関連して使用されることがあります。ある議論や争いにおいて、論点や対立点を早い段階で解決し、取り除くことが重要であるという指針を示しています。戦略的な観点から、この重要性は以下のように理解できます。

- **タイムリーな解決**：争点や論点が未解決のまま長引くと、時間とエネルギーを無駄に消費してしまいます。早めに争点を消すことで、チームや組織は他の重要な課題や目標に集中できるようになります。
- **コミュニケーションの改善**：争点が解決されないまま放置されると、関係者間のコミュニケーションに悪影響を及ぼす可能性があります。対立が続くと相手を攻撃する姿勢が強まり、建設的な議論や協力が難しくなります。早めの解決はコミュニケーションの改善に繋がります。
- **効果的な意思決定**：争点が解決されるまで意思決定が滞ることがあります。特に重要な判断をする際には、争点を先延ばしにせずに明確にしておくことが重要です。
- **チームの結束**：争点が解決されないまま続くと、チーム内で対立が生じることがあります。これにより、チームの結束が損なわれパフォーマンスや生産性が低下する可能性があります。争点を早めに解決することで、チームの結束を強化できます。

具体例

病気になってから治療をするより、病気にならないよう予防する、それができない場合は重篤になる前に早期治療をすることが健康維持には必要です。ウクライナ戦争が継続していますが（２０２３年10月現在）、ロシアがウクライナに侵攻する前に米国はロシアと交渉して、ウクライナを東西の中立地帯とすることをコミットした上で未然に防ぐべきであったと、国際政治学者でシカゴ大学教授のジョン・ミアシャイマーは述べています。

まとめ

総合的に、「争点は早めに消せ」は、効果的な戦略立案や問題解決の観点から非常に重要な原則です。早い段階で争点に対処し、解決しておくことで、効率的な意思決定やチームの結束、長期的な利益を追求できるでしょう。

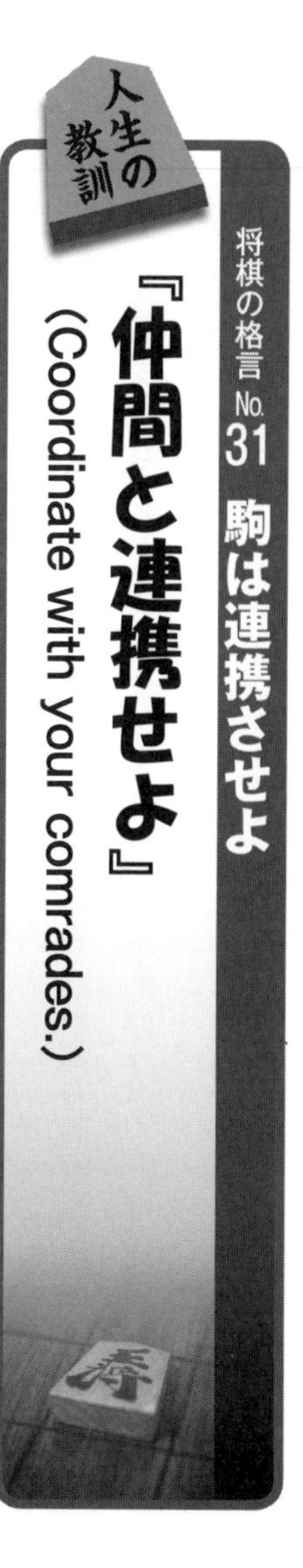

格言の意味

駒は単独ではなく他の駒と連携することでその力をより発揮することができるという格言です。反対に他の駒の利きのない駒は「浮き駒」とか「離れ駒」と言って敵から狙われやすくなります。

人生の教訓

仲間と連携することには多くの意義があります。「早く行きたければ、一人で進め。遠くまで行きたければ、みんなで進め」(if you want to go fast, go alone; if you want to go far, go together)。岸田首相が所信表明演説で語った「アフリカの諺」

があります。仲間と連携することが必要な具体的な理由をいくつか挙げてみます。

- **目標達成**：仲間と連携することで、個人の能力やアイデアを結集し、共通の目標や課題を達成することができます。集団の力を利用することで、より大きな成果を上げることができるでしょう。
- **イノベーションと創造性**：異なるバックグラウンドや視点を持つ仲間と連携することで、新しいアイデアや解決策が生まれることがあります。集団の知識や経験を共有することで、創造性とイノベーションが促進されます。日本語では「三人寄れば文殊の知恵」英語でも"Two heads are better than one,"と言います。
- **効率と生産性の向上**：業務を分担したり役割を明確にすることで、効率的な作業が可能になります。仲間と連携することで、作業の重複を避け、より多くのことを短時間で成し遂げることができるでしょう。
- **励ましと支援**：仲間と連携することで、困難な時期や挑戦に直面しても、お互いに励まし合い支援し合うことができます。集団の中でのサポートは、個人のモチベーションを高める効果があります。
- **ソーシャルネットワークの拡大**：仲間と連携することで、社会的なネットワークを拡大することができます。人との繋がりは、将来のキャリアや機会の広がりに影響を与えることがあります。

- **喜びと楽しみを共有する**：仲間と連携することで、共に成功や喜びを分かち合うことができます。また仲間と共に困難を乗り越えたときの共感や喜びは、より大きくなります。

具体例

アフリカのサバンナでも狩りをするライオンは、ぽつんと一頭だけ離れたシマウマやインパラに狙いをつけます。従って外敵から身を守るためには、群れから離れず常に仲間と連携することです。国同士の領土争いでも同盟関係を持つ国のほうが一般的に領土を侵害されるリスクは低いです。

まとめ

以上のように、仲間と連携することは、個人の成長や集団の力強さを高める重要な要素となります。

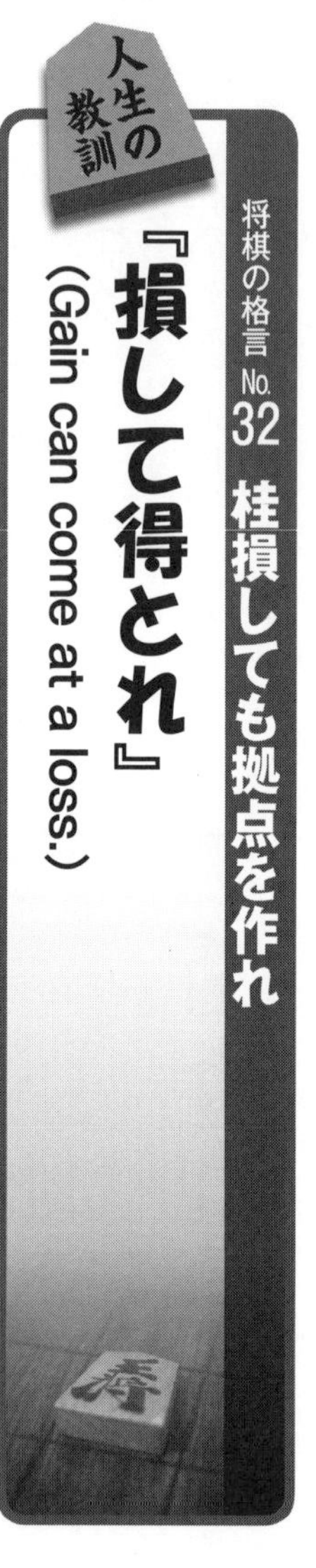

『損して得とれ』(Gain can come at a loss.)

格言の意味

中終盤においては駒得よりも攻めのスピードが大切です。そのためには攻撃のための拠点を作ることが大切です。特に桂馬は頭が丸く歩などの安い駒で取られやすいですが、短期的には桂損になっても中長期的には拠点構築を優先せよという格言です。

人生の教訓

「損して得とれ」に相当すると考えられます。「損して得とれ」には次のようなメリットがあります。

- **チャンスの発見**：「損して得とれ」のメンタリティは、困難や挫折を乗り越えることで新たな機会やチャンスが生じる可能性を示唆しています。失敗から学び、改善点を見つけることで、より良い方法やアプローチを見出すことができます。

- **冒険と成長**：人生で成功を収めるためには、どこかでリスクを冒す必要があります。失敗を恐れずにチャレンジすることで、新たな経験を積み重ね、個人的な成長が促進される可能性が高まります。
- **創造性の刺激**：困難な状況や損失を乗り越えるためには、新しいアプローチや発想が求められることがあります。困難であるからこそ創造性を刺激し、問題解決能力を高めることにつながるかもしれません。

具体例

「損して得とれ」というフレーズは、短期的には損をしても、長期的な視点で見れば得になることを意味します。キャリア形成においては一見損をしているように見えることが、後々大きなメリットをもたらす場合があります。その具体例をいくつか挙げてみます。

- **低給与のインターンシップやアシスタント職に就くこと**：初めての仕事として、給与が低いインターンシップやアシスタント職を選ぶことは、経験を積み重ねるために重要です。給与は低くても、その経験、スキル、人的ネットワークが後々のキャリアにプラスに働く可能性があります。

- **自己投資に時間とお金をかけること**：自己啓発やスキルアップのために、時間やお金を投資することも「損して得とれ」の一例です。例えば、専門的なトレーニングや学位や資格取得のためにコースを受講することで、市場価値が高まり、将来のキャリアにプラスになる可能性があります。

まとめ

初めは一見損をしているような行動も将来の成長に大きく貢献する可能性がありま す。キャリア形成においては、自分自身の目標や価値観に忠実でありながら、成長のために冒険をすることも大切です。

格言の意味

相手の駒が移動した瞬間、スペースが空きます。ここに駒を打たれる手をつい見落としてしまいがちです。またその空間が急所になっていることがあります。

人生の教訓

ポジショニングマップ（Positioning Map）は、マーケティングや戦略計画の分野で使用されるツールの一つです。製品やサービスを他の競合と比較し、消費者の心理的な認識や選好に基づいてそれらを相対的な位置にマッピングする手法ですが、ポジショニングマップで空いている象限にビジネスチャンスがあります。これにより、競合他社との比較や差別化を視覚的に示すことができます。一般的には、二つの主要な属性や要素を軸にしてマップを作成します。ポジショニングマップは、市場分析や競争戦略の立案において有用なツールであり、企業が自社の位置を把握し、競争優位性を確保するための重要な手段となります。

具体例

空いている市場にビジネスチャンスが生まれる可能性の高い状況として、以下のような場合が考えられます。

- **未開拓のニーズ**：新しい商品やサービスが需要のある市場において提供されていない場合、その市場は未開拓の可能性があります。新たなニーズを満たすビジネスは成功する可能性が高まります。
- **技術の進化**：新しい技術の導入や進化によって、従来の市場や業界に革新的なアプローチが生まれる場合があります。そのような技術の応用によって新しいビジネスチャンスが生まれることがあります。
- **人口構成の変化**：人口の増加や高齢化、都市化など、人口構成の変化は新しい需要や市場の成長をもたらす可能性があります。

- **規制の変更**：政府の規制や法律の変更によって新たなビジネスチャンスが生まれることがあります。新しい規制に適合したサービスや製品を提供することで、競争優位性を得ることができるかもしれません。
- **環境への配慮**：持続可能性や環境への配慮が重要視されるようになると、そのような志向に合致するビジネスが求められる場合があります。

サッカーについて著者は詳しくありませんが、ワールドカップやオリンピックが開催される場合は、日本チームを応援します。テレビで観戦しているとよく解説者が「スペースが空いている」「スペースを狙う」などスペースという表現をよく耳にしますが、スペースのあるところに攻撃のチャンスがあるということでしょう。

まとめ

空いている市場を狙うことで、新たな市場やニーズを見つけてビジネスチャンスを創出することができるかもしれません。ただし、具体的な市場におけるチャンスについては、最新の情報と市場調査が必要です。

人生の教訓

将棋の格言 No.34 四枚いれば強く戦え

『安全なら積極的なキャリアを目指そう』
(If you are safe, strive for an active career.)

格言の意味

王の守りは美濃囲い、矢倉、穴熊にしても通常金銀三枚です。しかし三枚穴熊よりも四枚穴熊（ビッグ４と表現されることもあります）、三枚の美濃囲いよりも四枚のダイヤモンド美濃のほうが守備力は強いです。一方、囲うまでに時間がかかること、守りに金銀四枚が偏るのでどうしても攻めが細くなります。

人生の教訓

「安全なら積極的なキャリアを目指そう」と解釈できます。このフレーズは、戦術的な観点からのアドバイスとして捉えることができます。安全な状況にある場合には、その状況を利用して力強く行動し、チャンスを最大限に活用しようということを示しています。この考え方にはいくつかの理由があります。

- **リスクの最小化**：安全な状況にいるときには、敵の攻撃や危険が最小限に抑えられています。そのため、自身のリスクを最小化することができます。
- **攻勢に転じるチャンス**：安全な状況から攻勢に転じることで、敵に圧力をかけたり、不利な状況を打開したりすることができます。この戦術的な利点は非常に重要です。
- **自信と士気の向上**：安全な状況にいることで、兵士たちの自信と士気が高まります。強いメンタルな状態は戦闘において重要な要素です。

安全な状況を利用して、戦術的に有利な行動をとることで、戦力を最大限に発揮し、成功する可能性が高まります。

具体例

所得の差はあるにしても、日本人の多くは健康で働ける状態であるなら、社会の中で最低限の衣食住に困ることはなく安全に過ごすことができます。それなら積極的なキャリアを目指すべきです。その理由はいくつかあります。

- **自己成長と充実感**：心配事が少ない状態であれば、余裕を持って自己成長に集中することができます。新しいスキルを学び、自身の能力を向上させることで、より充実感を得ることができます。
- **情熱と興味の追求**：心配事が少ない状態では、安定感がありますので、自身の情熱や興味に従ってキャリアを選ぶ余裕があります。自分が本当にやりたいことに取り組むことで、より満足感を得ることができるでしょう。
- **リスクの低い投資**：生活に必要な貯金をしっかりと確保した上で、余剰資金のみを投資に回しましょう。

まとめ

これらの理由から、衣食住に心配がない生活の安全が整っている場合、自己実現やポジティブなキャリアの展望を追求することができるでしょう。

人生の教訓

将棋の格言No.35 受けは金、攻めは銀

『人材は適材適所に配置しよう』
(Let's assign personnel to the right positions.)

格言の意味

金は守りに、銀は攻めに使うのが駒の性質に合った活用法であるという格言です。金も攻め、銀も守りに使うことも多いですが、どちらかと言えば金は守り駒、銀は攻め駒として使うほうがその特性を活かしやすいと言えます。

人生の教訓

「適材適所」とは、人材の配置や任命の際に、その人の能力や適性に応じて最適な役割や場所を与えることを指します。この原則は、個々の人の特性や能力、経験、スキルなどを考慮して、最も効果的かつ生産的な役割を与えることを目指します。適材

適所の原則に基づく人材配置は、組織やチームのパフォーマンスを最大化し、個人のモチベーションや満足度を高めることにもつながると考えられています。

適材適所の原則に従って、個々の人の得意な能力や経験に合わせて適切な役職や仕事を割り当てることで、その人が最大限のパフォーマンスを発揮することが期待できます。能力に合わない仕事を任せられた場合、成果を出すことが難しくなりますが、得意な分野であればより優れた結果を得ることができます。適材適所で働けることは、個人のやる気と満足度を向上させます。自分の得意な分野で活躍し、成果を上げることで、自己成長や自己評価にも繋がります。一方で、自分に合わない仕事を強いられると、モチベーションが低下し、ストレスや不満を抱えることになります。

適材適所の原則は、組織全体の効率を高める上でも重要です。それぞれのメンバーが得意な分野に専念し、役割分担が明確になることで、協力と連携が円滑に進みます。効果的なチームワークは組織の目標達成に不可欠です。

適材適所を重視する組織は、人材の定着率が高くなります。適切な役職に適した人材を配置することで、ハイパフォーマンスな環境を構築し、組織の持続性を確保することができます。

具体例

日本のプロ野球の監督で、適材適所の選手起用によって成功を収めた具体的な例として、ＩＤ野球で知られる野村克也監督が挙げられます。野村監督は適材適所の原則を徹底的に実践しました。特に有名な例として、阪神から南海にトレードされてきた江夏豊投手を先発からリリーフとして起用するなど、独自の采配をしました。江夏投手はその後、球界のリリーフエースとして広島、日本ハムでも活躍し、各チームの優勝に大きく寄与しました。野村監督は、「野村再生工場」と称されるくらい、他球団で戦力外になった選手を再生させたことでも有名です。

まとめ

「適材適所」は個人の幸福と成長、組織の成功にとって不可欠な原則であり、組織やチームのリーダーにとっても重要な考え方です。

『敵の連携を崩そう』(Disrupt the enemy's coordination.)

格言の意味

相手の駒が複数利いている地点（焦点）に歩を打つと少ない犠牲（歩を一つとられるだけ）で相手の駒の連携を崩したり働きを弱めることに繋がり、好手になることが多いという格言です。

人生の教訓

敵の連携を崩す戦略的なメリットは、戦術や戦場の状況によって異なりますが、一般的には次のような利点が考えられます。

- **敵の弱点を露呈させる**：連携している敵の部隊は、協力して強力な攻撃や防御を行うことが多いです。しかしその連携を崩すことで、個々のメンバーの弱点や不足点が露呈する可能性があります。これにより、敵の戦力を減少させることができます。

- **敵の指揮系統を混乱させる**：連携して行動する敵は、指揮系統や通信ルートを使って効果的な戦術を実行します。それらの連携を崩すことで、敵の指揮系統を混乱させることができます。これにより、敵の判断力が鈍化し迅速な決定が難しくなります。
- **敵の戦力を分散させる**：連携して行動する敵は一つの目標に集中して攻撃することができます。しかし、連携を崩すことで、敵の戦力を分散させることにより戦局を有利に進めることができます。
- **必要な時間を稼ぐ**：連携を崩すことにより、敵が再度連携を取り直すために時間がかかります。その間に、自軍は補給や戦術的な調整を行うことができます。時間稼ぎは、作戦展開において重要な要素となります。

具体例

例えば、サッカーの試合では、相手チームが堅守を敷いて連携を固めている場合に、次のような攻撃的な行動でその連携を崩すことができます。

- **ボールを素早く回す**：ボールを素早くパスすることで相手チームの守備陣を動かし、連携のバランスを崩すことができます。
- **ポジションの交換**：選手同士がポジションを交換することで、相手守備陣のマークが狂い、連携を乱すことができます。例えば、ストライカーがウイングにポジションを変えたり、ミッドフィールダーがフォワードの位置に入ったりすることが考えられます。
- **ダミーラン**：ボールを持った選手が突然動かずに止まる「ダミーラン」を行うことで、相手守備陣の動きを混乱させることができます。そして、ダミーランをした選手以外の選手が空いているスペースに動くことで、相手の連携を崩すことができます。

まとめ

敵の連携を崩すことで、敵の能力や戦力を削減し、自軍の優位性を高めることができます。ただし、連携を崩すためには緻密な計画と工夫が求められます。

格言の意味

駒を補充する手は、最終盤を除けば、最善ではなくともある程度は価値があるので取っておけという格言です。場合によってはその取る手が「毒饅頭」のこともあり注意が必要ですが、読み切れない場合はとっておくのが現実的です。「分からなければ取ってみよ」とも言います。渡辺明九段は「時間がないときは現物をとりにいく。技をかけにいくと、すっぽ抜ける可能性がある」と説明しています。

人生の教訓

「取れるものは取っておく」とは「手に入れることができるものは、できるだけ手元に保持しておくべきだ」という教訓を表しています。この言葉にはいくつかの意義が含まれています。

- **機会を逃さない**：人生やビジネスなどの様々な場面で、目の前にチャンスが現れたときには、積極的にそれを摑むことが重要です。後悔しないためにも、できるだけ手に入れるべきものを逃さず取っておきましょう。
- **賢明な選択**：「取れるものは取っておく」という言葉は、行動や決断においても意味があります。選択肢がある場合、将来的に役立つ可能性があるものや有用なものは、取っておくことが賢明な判断とされています。今は必要でなくても後で必要となるかもしれません。
- **貯蓄や準備**：物質的な資産や経済的な面でも、未来の不測の事態に備えるために、できる限り資産を蓄えておくことが重要とされます。経済的な余裕を持っていると、突発的な出費や困難に対しても対応しやすくなります。

具体例

キャリア形成の視点から、取っておいても損はないものをいくつか挙げてみます。

- **教育・スキル**：学位や資格、専門知識など、自己成長に関連する要素はキャリア形成において重要です。著者は若いときに英検一級や通訳案内業（英語）に合格しましたが、その後、英語教育に関わることになり合格していること自体がプラスになりました。一方、英語以外の言語も真剣に学んでおけばよかったと後悔しています。
- **経験と実績**：キャリア形成においては、経験と実績が重要な要素です。仕事やプロジェクトに積極的に参加し、成果を上げることで、信頼性や専門性を高めることができます。経験を積むことは、将来のキャリアにおいてもプラスに働きます。
- **コネクションとネットワーキング**：人脈はキャリア形成において非常に重要です。良好な関係を築くことで、仕事の機会や情報にアクセスしやすくなります。有益な人脈を広げることを意識してください。

まとめ

ここで挙げた具体例はキャリア形成において重要な要素であり、取っておいても損はないとされるものです。

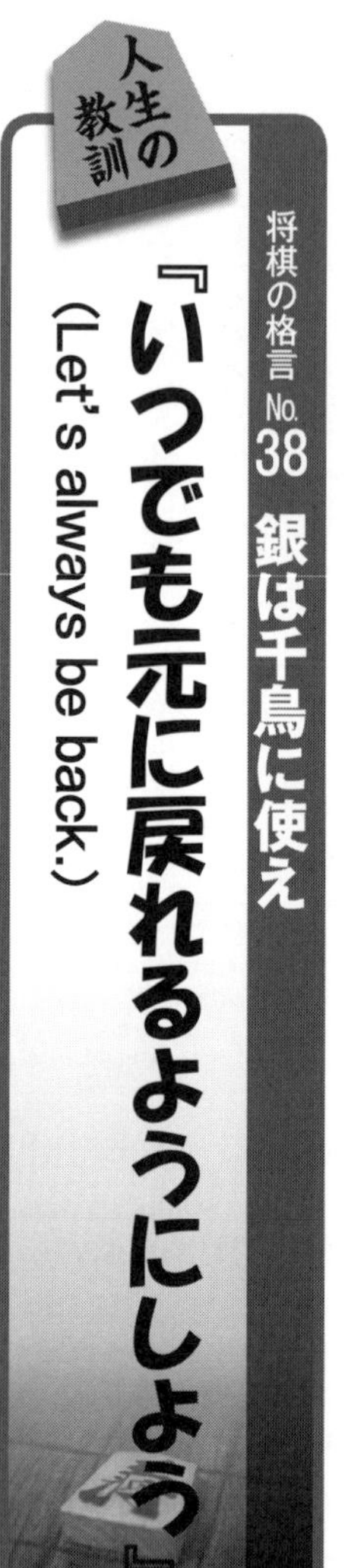

『いつでも元に戻れるようにしよう』
(Let's always be back.)

格言の意味

銀は斜め前後と一つ前に動ける駒です。前後どちらの斜めに進んでも元のマスに一手で戻ることができる一方、銀は直進すると元の場所に戻るためには三手必要です。従って銀は千鳥（斜め）に使うとよいという格言です。

人生の教訓

戦略上の意義において、いつでも元に戻れるようにすることは、多くの場面で重要な要素です。その意義をいくつか挙げてみます。

- **失敗への対処**：いつでも元に戻れるようにすることで、失敗した場合に素早く元の状態に戻ることができます。ビジネスやプロジェクトにおいては、すべてが計画通りに進むことは稀であり、障害や誤った判断が発生することがあります。しかし、リスクを最小限に抑えるためにも、失敗が発生した際に迅速に元に戻ることが重要です。

- **柔軟性と適応力**：環境や状況が変化することはよくあります。いつでも元に戻れるようにすることで、変化に迅速に対応できる柔軟性と適応力を維持できます。競争が激しいビジネス環境では、柔軟な対応が成功の鍵となります。
- **精神的安定**：いつでも元に戻れるようにすることで、チームや組織のメンバーが安心して取り組むことができます。

具体例

転職や転社しても元の職場に戻れるキャリア形成上のメリットは、いくつか挙げられます。転職や転社することで、新しい業界や職種での経験やスキルを磨くことができます。これにより、キャリアの幅が広がり、将来的に元の職場に戻った際にもより価値のある人材として戻ることができるでしょう。また新しい職場や業界での勤務は、新たな人脈を築く機会を提供します。他の企業や業界のプロフェッショナルとの関係を構築することで、情報交換やビジネスチャンスの発見が可能となります。

プロ野球の世界でも一度トレードに出された選手が元のチームに戻り、コーチや監督に就くケースは実に多いです。しかしそれができるのは古巣のチームと良好な人間関係を維持していることが前提です。人生は長いので、たとえ不満があっても飛ぶ鳥後を濁さずで、辞めたからといって以前の職場を貶めるような言説は控えるべきです。

まとめ

総合的に見て、いつでも元に戻れるようにすることは、戦略上の重要な要素として、失敗への対処、柔軟性と適応力、精神的安定など、多くの利点をもたらすと言えます。ただし、元の職場に戻れるメリットがあるとしても、転職や転社にはリスクやデメリットもあります。注意深く検討し、将来のキャリアにとって最善の決断を下すことが重要です。

将棋の格言 No.39 角は頭が丸い

『強い相手と戦うときは弱点を突こう』

(When facing a strong opponent, target their weaknesses.)

格言の意味

角は頭（真正面）に利きがないため弱点です。角頭は相手に攻められやすいので注意せよという格言です。斜めによく利く角ですが、一歩前には進めない弱点がありま す。従って相手の角の真正面に、自分の駒を進めたり打ったりするとよい手になりやすいです。

人生の教訓

強い相手と戦うときは弱点を突き勝機を見出しましょう。強い相手と戦う際に弱点を突く意義は次のようなものです。

- **効率的な攻撃**：強い相手に対して直接的に攻撃を仕掛ける場合、勝ち目がないばかりか、非常に困難でエネルギーを無駄に消費してしまいます。しかし、相手の弱点を突くことで、限られたリソースを効率的に使用できます。
- **優位性の確保**：相手の弱点を突くことによって、相手よりも有利な位置に立つことができます。これにより自分の戦術や戦略を展開しやすくなります。
- **打開策を見つける**：強い相手には通常、様々な防御手段や戦術が用意されています。しかし、弱点を見つけることで、それらの防御策を回避し攻撃の突破口を見つけることができます。
- **心理的な要素**：相手の弱点を突くことは、相手の自信を削ぎ落とし心理的なプレッシャーをかけることができます。これにより相手の判断力や行動を乱すことができます。
- **成功確率の向上**：弱点を突くことで、戦闘や競争において成功する確率が高まります。無駄なリスクを避けてより確実に勝利に近づくことができるでしょう。

具体例

メジャーリーグでもプロ野球でも三割以上の打率を残せれば一流打者と見なされます。つまり一流打者であっても七割は打てないということなので、相手の弱点を徹底的に研究すればどんな強敵相手であっても道は拓けます。大相撲の貴闘力は、押し相撲にはめっぽう強い反面、動きが止まりまわしをとられると、下位力士が相手でももろく土俵を割るケースが多くありました。政治家でも企業経営者でも、お金と女性には弱点があると考えられます。ネットニュースを観れば、マネートラップ、ハニートラップに嵌められて身動きがとれなくなっている大物政治家、経営者の固有名詞を多数見つけることができます。全てが真実かどうかはわかりませんが「火のないところに煙は立たず」と言われるので、当たらずとも遠からずと著者は受け止めています。

まとめ

強い相手に対しては、直接的な攻撃よりも弱点を突くことで、より効果的かつ戦術的なアプローチを取ることが重要です。

人生の教訓

将棋の格言No.40 連絡なき金銀は守りに弱し

『業務は連携して行おう』
(Let's collaborate on the tasks.)

格言の意味

美濃囲い、矢倉囲い、穴熊などの囲いの基本は玉を取り巻く金銀の連絡によって成り立っています。連絡が密であれば囲いは堅くなる一方、連絡がない場合、囲いは弱くなり相手からの攻めのターゲットになります。

人生の教訓

業務を連携して行うことは、顧客サービスでもチームスポーツにおいても非常に重要です。サッカーを例に考えてみましょう。

- **効率的な守備**：個々の選手が自分の担当するエリアを守るだけでは、相手チームの攻撃を十分に阻止するのは難しい場合があります。しかし、連携を取った守備では、選手同士が連動して動くことで、相手の進行を阻止しやすくなります。

- **スペースの支配**：連携した守備は、守るべきエリアを適切にコントロールすることを可能にします。選手たちが連携して動くことで、相手チームにスペースを与えず、攻撃の選択肢を狭めることができます。
- **相手へのプレッシャー**：複数の選手が連携して守ることで、相手選手に対してプレッシャーをかけやすくなります。相手がボールを持っている選手を数人で囲むことで、相手のパスやシュートの選択肢を制限し、ミスを誘いやすくなります。
- **チームの結束力強化**：連携した守備は、チーム全体の結束力を高める効果があります。選手たちが信頼しあい、協力して守ることで、チームの一体感や連帯感が生まれ、より強力な守備が実現します。

具体例

ザ・リッツ・カールトン・ホテルカンパニーは、自らをホテル産業ではなくホスピタリティ産業と定義していると言われています。顧客情報をスタッフ間でタイムリーに共有し連携することで、パーソナルなサービスが実現される仕組みを作っていると言われています。野球でも盗塁を阻止するためには捕手の肩だけではなく、投手との連携プレーであり、ダブルプレーも内野手同士の連携プレーであることは言うまでもありません。

まとめ

以上のように、業務を連携して行うことは、単なる個々の能力の合算以上の効果を生む重要な要素です。業務の連携は、組織の成功に大きく貢献する要素の一つと言えるでしょう。

第3章 中終盤戦（中年期）

将棋の中終盤は人生では四十歳前後から六十歳の還暦位までの期間です。この時期での過ごし方で晩年以降の収入、健康状態、人間関係、それらに伴う幸福度が大きく左右されます。人生の中盤から終盤にかけての戦い方では、自分自身を客観的に評価し、受け入れることが重要です。自分の強みや弱点を認識しそれを活かす方法を見つけましょう。中終盤では時間やリソースの制約が増えることがあるため、綿密な計画がより重要になります。限られた時間やエネルギーを効果的に活用するため優先順位を設定しましょう。目標や価値観に基づいて、どの課題や活動に重点を置くかを考えます。序盤は駒得が大切ですが、中終盤以降はスピードが大切になりますので、手番を握ることの重要性がより高まります。

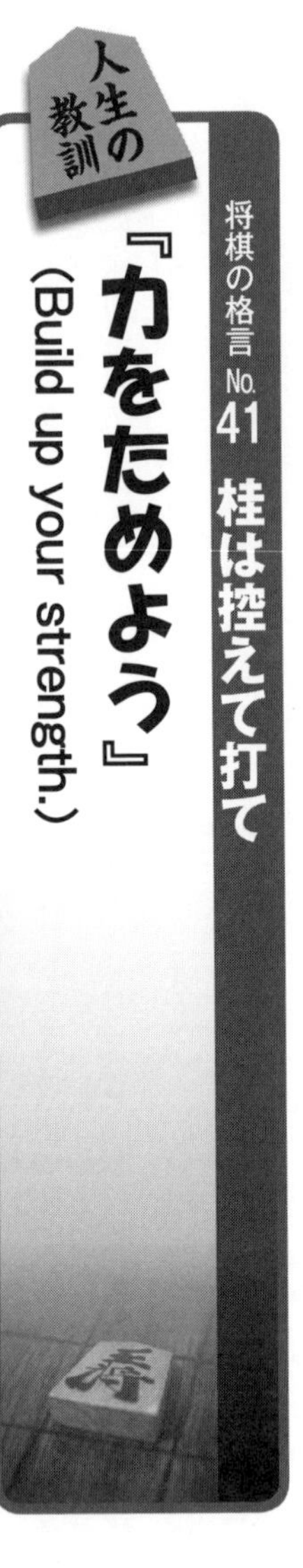

将棋の格言 No.41 桂は控えて打て

『力をためよう』
(Build up your strength.)

格言の意味

持ち駒の桂の使い方として、次に跳ねる手が相手にとって厳しくなる場所に打てという意味で使われます。「控えの桂に好手あり」も同義です。持ち駒の桂を活用するポイントは、次に桂を跳ねたら有効な王手や駒取りがかかる場所を探すことです。中原誠十六世名人は「桂使いの名手」と言われるほど桂馬の使い方が巧みであり、中原名人の勝局には桂の好手が現れることが多いと言われています。これは、打倒大山の副産物だとも言われ、大山康晴十五世名人の難攻不落な堅い守りを崩すには、トリッキーな動きをする桂馬に活路を見出すようになり、いつしか得意な駒になったのという説です。しまいには「銀桂交換は桂馬の方が駒得」と言い出すほどだったとも言わ

れています。（「棋界の太陽」中原誠自然流～その指し手大河の流れのごとし～、より引用・編集）

人生の教訓

戦略において力をためることには次のような意義があります。

- **機会の創出**：力をためることで、将来的な機会を創出することができます。たとえば、市場の変化や競合の出現に備えるために、経済的な余裕や技術的な能力を蓄えることが重要です。力をためることで、新しい市場や事業領域に進出する機会を迅速に捉えることができます。
- **競争力の維持**：力をためることは、競争力を維持するために必要です。市場環境は常に変化しており、競合他社が新たな戦略や技術を導入する可能性があります。力をためることで、競争力を維持し、競合他社との差別化を図ることができます。
- **リスク軽減**：力をためることは、予期せぬリスクや困難に備えるための保険となります。経済的な余裕やリソースを蓄えることで、将来の経済的な不確実性や市場の変動に対処するための柔軟性を獲得します。

- **成長のための基盤**：力をためることは、持続的な成長のための基盤を築くことに繋がります。資本や人材、技術などのリソースを蓄えることで、新たなビジネスチャンスや成長の機会を迅速に追求することができます。

具体例

源頼朝は、平家追討のために京都に急いで追撃することを控え、まずは板東での地盤を固め、鎌倉での基盤づくりを優先しました。いまでこそ世界有数の資産価値を有するアマゾンもプラットフォームが充実するまでは急拡大をせず、システムづくりを優先しました。

まとめ

以上が、戦略において力をためる意義の要点です。力をためることは、将来の成功や競争優位性を築くために不可欠な要素となります。

格言の意味

「と金」を作って攻めに使うまでは手数がかかるものの、実現すれば相手に取られてもただの歩に戻るだけなので、厳しい攻めになります。「と金は金と同じで金以上」とか「まむしのと金」と言われる所以です。と金は横から這うように迫ってくるので、相手にとっては、まむしのように怖い存在です。「まむしのと金を許すな」とも言われており、攻められる者にとっては実にいやらしい存在です。

人生の教訓

遅くても一歩一歩、小さな努力の積み重ねがやがて大きな成果を生みます。イソップ寓話「ウサギとカメ」は、足の速いウサギと足の遅いカメが競走をして最終的にはカメが勝利する話です。ある時、ウサギに歩みの鈍さをバカにされたカメは、山のふもとまでかけっこの勝負を挑みました。かけっこを始めると予想通りウサギはどんどん先へ行き、とうとうカメが見えなくなってしまった。ウサギは少し疲れていたので、カメを待とうと余裕綽々で居眠りを始めました。その間にカメは着実に進み、ウサギが目を覚ましたとき見たものは、山のふもとのゴールで大喜びをするカメの姿でした。

具体例

「まむしのと金」と言われていますが、羽生名人にと金で攻められるとまむし以上に怖い「ハブのと金」になります。まむしといえば戦国武将の斎藤道三は「美濃のマムシ」と呼ばれ恐れられていました。主君の誅殺、領地の乗っ取りなどの手法で、一介の油売り商人から下剋上し、美濃の大名にまで上りつめました。勝海舟（幕臣）は「事を成し遂げる者は愚直でなければならぬ。才走ってはうまくいかない」、孔子（中国の思想家、儒家の始祖）は「止まりさえしなければ、どんなにゆっくりでも進めばよい」と述べています。イチローは「小さいことを重ねることが、とんでもないところへ行くただ一つの道」と語っています。著者はとある大学で英語を教えた経験がありますが、中学レベルの基本的な語彙力がなく、かつ基本文法を理解していない学生がいます。彼らにはTOEIC対策本をする前に中学英語の文法を復習するため、一週間でできるくらいの薄い書き込み式ドリルをすることを強く推奨してきました。基本的な語彙と文法を理解せず英語資格試験に臨むことは、ざるにジョウロで水を入れているようなものでせいぜい水滴しか残りません。小さな一歩から始めることは遅いようで最も早い方法であることを実感しています。

まとめ

将棋というゲームでは、と金をつくったほうが勝ちと言われているくらいと金づくりは大切です。人生においても小さな努力の積み重ねが遠くに行くための最も着実な方法です。

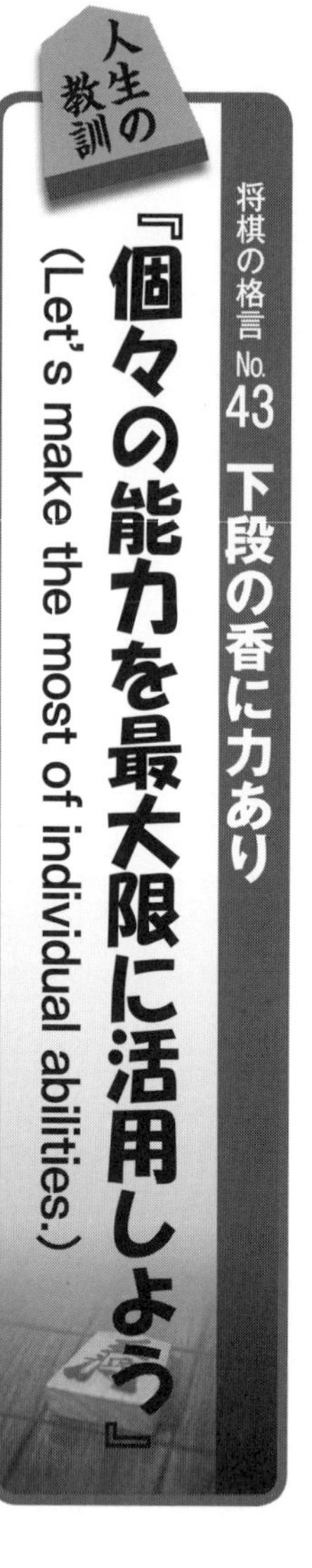

将棋の格言 No.43 下段の香に力あり

『個々の能力を最大限に活用しよう』(Let's make the most of individual abilities.)

格言の意味

持ち駒の香を打つ際は、なるべく下段から打った方が取られにくく、香の働きが増えてよいという格言です。「香は下段から打て」や「香は控えて打て」もほぼ同じ意味です。普段は左右の両端の下段にいるので、脇役の存在ですが、遮る駒がなければ縦に8マス動かすことができます。また持ち駒として急所に配置されるとその威力は抜群です。一般的には下段にいたほうが活躍の幅があり、指し手の選択肢が増え戦いやすくなります。つまり同じ香という駒であっても、場所によって駒としての効き(移動できる場所)が一つだけなら「歩」と同じになりますが取られてしまうと香車なので歩をとられる以上のリスクがあります。駒の働き、特長を存分に発揮させるという意味では「大駒は離して打て」「飛車は十字に使え」「金は引く手に好手あり」などにも通じます。

人生の教訓

この格言は、組織における人材活用においても参考になります。個人がその潜在能力を最大限に発揮してくれれば「人材」はまさに「人財」になります。反対に働く場所がミスフィットであると人材はただいるだけの「人在」、あるいはそこにいるだけで会社の足を引っ張る「人罪」になりかねません（将棋では「邪魔駒」と言われます。自分の駒が邪魔をして自陣の連携を悪くしてしまい、盤上にない方がよい駒を指します）。香車は将棋の駒の中では歩が平社員なら係長くらいのポジションですが、使い方次第で歩と同じにも飛車と遜色ない働き手にもなります。人材は適材適所の配置と使い方を常に意識しましょう。

具体例

メジャーリーグや日本のプロ野球の選手でも、トレードで他球団に移籍した結果、大活躍する選手もいれば、その一方鳴り物入りで移籍しても全く活躍できない選手が毎年たくさんいます。同じ能力でも働く環境がいかに大切かおわかりでしょう。自分の能力を生かすことができないと思ったら、部署異動を希望するか、あるいは思い切って環境を変えるために転社または転職を考えるべきです。キャリアで成功する秘訣は得意なことに仕事を引き寄せることにつきます。苦手なことをいくら頑張って努力してもせいぜい人並程度にしかなりません。ピーター・ドラッカーは「強みの上に己を築け」と述べています。

まとめ

人を最大の資源として捉えその強みを活かし、チーム全体で個々の弱みは中和することが人財マネジメント（Human Resources Management）の本質です。将棋の駒の配置でも、組織における人材の配置でも適材適所をはかることが大切です。

格言の意味

「と金」は金と同じ動きをするため盤上の戦力的には同じですが、相手に取られても歩に戻るだけなので、ただで捨てる、あるいは、歩以外の駒と交換しやすい分、金よりも価値があります。と金を進めていくためには手数はかかりますが、間に合う場合は最もコスパのよい攻めになります。例えていえば働きは重役レベルですが、給与は平社員レベルで済みます。升田幸三実力制第四代名人も「歩は素晴らしいものだよ。敵の陣地に行けば金になるけど相手に取られると歩に戻る。こんな合理的ないいものはない。これをうまく使えるやつが名人だ」と語っています。将棋はと金を作るゲームと言われるくらい、と金の効果は大きいです。

人生の教訓

「海老で鯛を釣る」とは、安価な海老を使って高価な鯛を釣るように、少しの投資で大金を手に入れることを意味します。海老で鯛を釣るためには、達成したい目標を実現するために、たとえ小さくても出会いのきっかけを見逃さないことが大切です。自分が欲しいものを手に入れたり、夢を叶えたりするためには、棚からぼた餅や幸運を祈るのではなくて、どうしたらそれが実現するかしっかり考え、分析して地道な努力を継続することです。

具体例

メジャーリーグのオークランド・アスレチックスの選手を集める方法は、映画『マネーボール』（2011年、ブラッド・ピット主演）で紹介され有名になりました。同チームは、セイバーメトリクス（野球においてデータを統計学的見地から客観的に分析し、選手の評価や戦略を考える分析手法）を用いて弱小チームをワールドシリーズ優勝まで導きました。年棒が高いわりにはチームの勝利への貢献が低いベテラン選手よりも、年棒は低いが出塁率や長打率の高い若手の無名選手を集めたことが注目され、その後は他のチームでも模倣されるようになりました。と金はまさに働きは金と同等ですが、コスパは最高です。日本のプロ野球でも全盛期を過ぎたメジャーの有名選手に大金をはたいて連れてくるよりも、キューバやドミニカなど中南米のアマチュアリーグでプレーしていて、潜在能力の高い若手選手を発掘してくる動きが顕著です。将来の伸びしろ（potential for growth）を考えれば当然でしょう。

まとめ

小さな投資で大きな利益を得ることは容易なことではありませんが、状況を細かく分析し行動すれば不可能なことではありません。このことは人材採用でも株式投資でも当てはまることです。

人生の教訓

将棋の格言 No.45 長考に妙手なし

『迷ったときは考え過ぎず早めに決断し行動に移そう』

(When in doubt, don't overthink it, make a decision promptly and take action.)

格言の意味

長考の結果が良い手に結びつくとは限りません。長時間じっくり深く考え状況を分析しすぎると逆に好手を見つけづらくなる場合があります。適切な判断や行動には、ある程度の時間は必要ですが、あまり過度に考え込んでしまうと、結果として時間だけが過ぎて好機を逃してしまうことがあります。プロ棋士ならどんな局面であっても盤面を見ただけで指すべき手は直感でいくつか思い浮かぶと言われていますが、長考して指した手はかえって悪手になることも多いようです。そもそも長考する時は選択肢が難しく、何を指しても不利になる局面が多いためでしょう。第81期名人戦で渡辺明名人が86分の長考の末に指した2三桂が悪手で形勢を損ねるきっかけとなりました。その後の研究では直感で考えた6六金と角をとったほうが良かったことが明らかになっています。この「長考に妙手なし」は「長考に好手なし」と言うこともあります。

人生の教訓

人生でも選択肢が多いときは、判断のために必要な情報を確認しながらも、過度に迷い込まず前に進めることが大切です。特に慎重なタイプの人は完璧主義に陥ってしまうことを避けるべきです。「小田原評定」(an inconclusive discussion）という諺もあります。天正一八年（1590年)、天下統一を目指した豊臣秀吉が、小田原城の北条氏政・氏直の親子を包囲した際、城内では、籠城するか出撃するのか、徹底抗戦するのか和平の道を探るのか、なかなか意見がまとまりません。いたずらに時を過ごした後、結局降伏しましたが、氏政は切腹、流罪となった氏直も失意のうちに亡くなり北条氏は滅亡しました。むだに時間ばかりかけて何事も決まらない会議はビジネスの世界でも避けたいものです。

具体例

大山康晴名人は長時間考えなくても盤面を観ただけで好手を指すことが多かったようですが、このことを将棋では大局観に優れていると言います。羽生善治九段も自著の中で「時間を費やせば良い手が指せるかというと、必ずしもそういうわけではありません。(中略) どうして長く考えても良い手が指せないのかと言うと、長考している時というのは、考えていると言うよりも迷って悩んでいるケースが多いからなのです。(中略) ですから、私自身にとっては、長考に見切りをつけて決断し、選択ができるかどうかが、『調子』のバロメーターと考えています」(『羽生善治闘う頭脳』2016文春文庫P77) と述べています。また米長邦雄永世棋聖も「大事な局面では長考しない。簡単に決断する」と述べています。

まとめ

人生においては、悩んで何もしないよりはまずは行動をしてみることをお薦めします。何かをすると何かが起こり成功も失敗もありますが、何かしらの学びがあります。

将棋の格言 No.46 両取り逃げるべからず

『目先の損を心配するよりも、あせらず最善を目指そう』

(Rather than worrying about immediate losses, let's calmly strive for the best.)

格言の意味

二つの駒の両取りをかけられて駒損が避けられない場合、どちらの駒も逃げずに、他の有効な手を指した方が良いという格言です。両取りをかけられても、将棋は一度に一手しか指せないので、両方の駒を同時に取られてしまう訳ではありません。従って両取りは精神的なダメージはありますが、取られる駒は一つしかないので恐れ過ぎてはいけません。両取りのどちらかを逃げるよりも他の手を指して相手玉へ迫った方が、一手を指す価値が大きいことがあります。両取りでもっともわかりやすいのは桂による両取り（「ふんどしの桂」と言います）や、角による王手飛車取りでしょう。

なおプロ同士の将棋では王手飛車をかけたほうが負けると言われています。プロなら王手飛車をうっかり見落とすわけはなく承知の上で相手にかけさす高等戦術です。なぜなら王手飛車をかけられたら、王は逃げて相手は飛車を取りますが、取った角の位置が遊び駒になることを狙っているからです。

人生の教訓

埋没費用（英語ではsunk costと言います）の考え方に似ています。過去の投資を取り戻そうとして将来の得に考えがいたらなくなります。埋没費用とは、投下した費用や労力のうち戻ってこない費用、つまり今後のキャッシュフローに影響を与えない費用を言います。しかし企業では過去に行った大規模投資、個人では好きな人に今まで使った時間やお金が惜しくて、なかなか諦めることができない心理が働きます。

具体例

埋没費用の考え方を無視して過去の投資に固執し、そのために誤った意思決定をしてしまう失敗例をいくつか挙げてみます。

- **不採算事業の存続**：企業が不採算の事業部門や子会社を運営し続けることがあります。これは、過去に投じた資金や労力を取り戻そうという埋没費用にこだわり、その事業の存続が全体的な経営効率を損なう可能性があります。
- **過剰な製品在庫**：企業が製品を大量に生産してしまい、需要が低迷しているにもかかわらず、製品の在庫を消化できる見通しを持たずに生産を継続することがあり、結果として在庫処分のコストや資金の無駄遣いにつながる場合があります。
- **投資家のポートフォリオ**：個人投資家も埋没費用にとらわれることがあります。特定の株式に過剰に投資してしまい、大きな損失を出しているにもかかわらず、手放せない場合があります。

まとめ

埋没費用はいくら取り戻そうとしても戻ってきません。過去にこだわるよりも前を向いて将来に対して有効な手を探りましょう。

将棋に関する映画・テレビドラマ

将棋に関する映画やテレビドラマは著者が把握している範囲ではリメイク版、続演なども含め十本程度あります。坂田三吉、村山聖のような伝説の天才棋士をモデルにしたもの、奨励会での悲喜こもごもと、夢半ばで敗れた退会者のその後の人生の軌跡を描いたもの、その他に大きく分類できます。いずれの作品も将棋界の内幕を垣間見ることができます。また作品が制作された当時の時代背景を感じながら楽しめる映画です。

・**聖の青春**（主演：松山ケンイチ、モデル：村山聖、2016）・**3月のライオン**（主演：神木隆之介、2017）・**泣き虫しょったんの奇跡**（主演：松田龍平、モデル：瀬川晶司、2018）・**AWAKE**（主演：吉沢亮、2020）・**二人の女勝負師**（主演：笠原千尋・早川知子、2014）・**盤上のアルファ**（主演：玉木宏、2019）・**盤上の向日葵**（主演：千葉雄大、2019）・**ふたりっ子**（主演：三倉佳奈、三倉茉奈、1996）・**王将一代**（主演：辰巳柳太郎、1995）・**王将**（主演：阪東妻三郎、モデル坂田三吉1948）

人生の教訓

将棋の格言 No.47 不利なときは戦線拡大

『うまくいかないときは視点を変えよう』

(When things aren't going well, let's try changing our perspective.)

格言の意味

不利な局面では、駒のぶつかる箇所を増やして局面を複雑にすれば、相手が間違えて逆転できる可能性が高まります。反対に変化が少なくて分かりやすい局面では、自分がたとえ最善手を指しても、相手も最善の対応をする可能性が高く逆転の目がなくなります。そうであれば、多少、本来は最善手でなくても相手に間違えてもらうことを狙った方が逆転の可能性が高まるという勝負術です。不利になったら戦いの場所を広げ焦点をぼかすと、相手も混乱し持ち時間を消費してくれるかもしれませんし、局面が忙しくなると駒損のマイナス面が相対的に低減し局面が読みづらくなります。大山康晴十五世名人も「不運が続くと思ったら、虚心になって変化を目指せ。不運を幸運に変える要諦はこれしかない」と述べています。

◆人生の教訓

人生においてもジリ貧になることは絶対に避けなければなりません。ジリ貧とは、じりじりと良くない状況に落ち込むことを言います。ドラッカーも「問題解決を図るよりも、新しい機会に着目して創造せよ」と述べています。経営の神様と称された松下幸之助も「何事もゆきづまれば、まず、自分のものの見方を変えることである」と語っています。うまくいかないときは、視点を変えることが重要です。新しい視点から物事を見ることで、新たな解決策やアプローチを見つけることができるかもしれません。視点を変えることで役立つアイデアをいくつか挙げてみます。

- **他者の視点を尋ねる**：他の人の意見やアドバイスを求めることで、新しいアイデアや視点を得ることができます。異なるバックグラウンドや経験を持つ人たちと話し合うと、新しい切り口が見つかることもあります。
- **外部の刺激を受ける**：本や記事を読んだり、セミナーやワークショップに参加したりすることで、新たなアイデアを得ることができます。

- **時間を置く**：時間をおいて問題から一旦離れ、リラックスすることで、頭の中が整理され、新しい視点が浮かび上がることがあります。

具体例

著者は二十代、三十代、四十代、五十代と過去に四回ほど職場を変えた経験があります。そのうち二回は上司との折り合いが悪くこのまま同じ職場環境にいても飼い殺しにされるか、処遇面で相当不利な扱いを受けることが考えられました。思い切って転職したことは、結果としては大正解でした。上司との折り合いが悪くキャリア形成の見通しが立たない場合や、パワハラ経営者が権力を握っているブラック企業に勤務している場合は、躊躇なく脱出し新しい機会を探りましょう。

まとめ

視点を変えることとは、創造的な問題解決や効果的な決定をするために非常に有益です。常に同じアプローチで物事に取り組むのではなく、柔軟な思考を持ち、様々な視点から物事を見るよう心がけましょう。

人生の教訓

将棋の格言 No.48 大駒は近づけて受けよ

『敵の強さを減じる方法を探ろう』

(Let's explove ways to diminish the enemy's strength.)

格言の意味

離れている相手の大駒を捨て駒などによって近づけると、その働きを弱めることができるという格言です。一方、攻める側の考え方として、「大駒は離して打て」という格言もあります。

人生の教訓

敵の力を発揮させないようにしましょう。敵の力を減じる手段をとることは、次のような戦略的な意義があります。

- **敵の脅威を軽減**：敵の力を削減することにより、敵の脅威を軽減することが可能です。これにより、自軍や関係する組織、地域の安全性を向上させることができます。

- **資源の効果的な活用**：戦略的に敵の力を減じることは、資源をより効果的に活用する手段です。自軍の資源を無駄に消耗せずに済み、戦争や競争の長期的な持続性を高めることができます。
- **信頼性と威信の向上**：戦略的に敵の力の減少手段を採用することにより、自軍や指導者の信頼性が向上し威信が高まります。これは味方や国際的なパートナーとの連携を強化し、広範な支持を得るために重要です。

具体例

敵の力を発揮させないことで成功した具体的な例としては、戦術や戦略の観点からの例を挙げることができます。「戦わずして勝つ」のは孫氏の兵法に通じます。

- **軍事的な戦術における分断工作**：戦争や紛争において、敵の戦力を発揮させないために内部対立を醸成するよう工作することがあります。旧ソ連や中国は、超大国のアメリカと真正面から対峙することを避け、政財界、メディアや教育界に巧みに入り込み、社会の対立を煽り世論を分断することによって、その本来の力を発揮させせないよう、長年に渡って工作を続けていると言われています。

- **競争相手に対する市場での対応**：ビジネス競争においても、ライバル企業が持つ力を発揮させないような戦略が取られることがあります。例えば、新製品やサービスの開発やマーケティングにおいて、競合他社が抱える弱点を突くことで、彼らの競争力を抑えることができます。
- **政治的な対応**：政治的に対立する政党間で、相手の政策を封じ込めることが政治的成功に繋がる場合があります。特定の法案を通過させないために阻止策を取ることや、対立する候補者の選挙戦略を先読みして対立候補を出すことで、相手の力を発揮させずに自らの立場を強化することができます。

まとめ

これらの理由から、敵の力を減じる手段を取ることは、戦略的な成功に向けて重要な戦術となります。敵対する側の力を上手く封じ込めることで、自らの目標達成に近づくことができます。

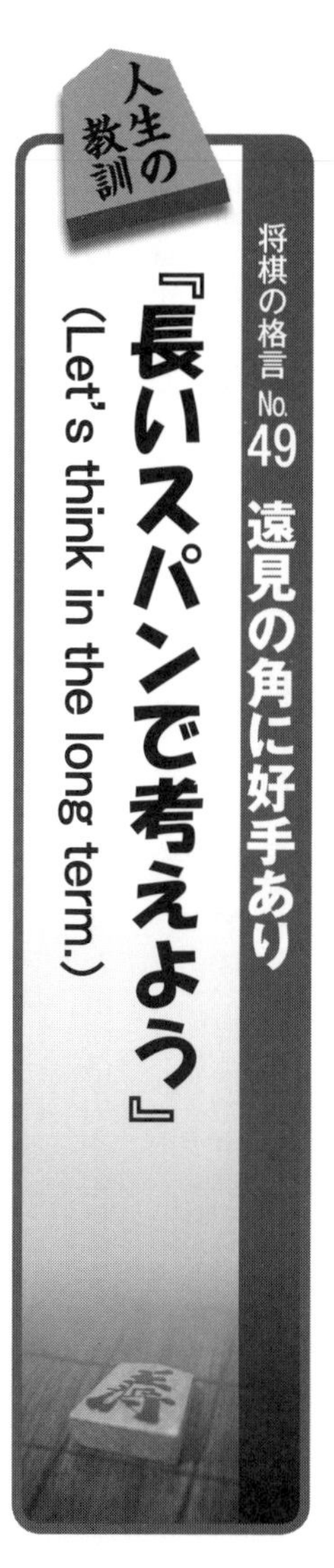

格言の意味

大きな駒は大きく使うのが基本ですが、自陣へ打った角の利きが相手陣内に届き、好手になりやすいという格言です。メリットとしては、将棋講座ドットコムには『相手陣への利きを生かして攻めることができる』『自陣の隙を減らすことができる』『打った角を相手から狙われにくい』という三つの理由が挙げられます。つまり攻防共に働くうえに、その状態をキープしやすく、角を遠くまで利かせる必要があることから、必然的に打つ位置は端に近くなり、隅にいる香の上に打つことが多いです。ヘボ将棋の著者でも飛車の利きは、左右前後なので、見落とすことは少ないのですが、角は斜めなのでうっかりしやすいです。「角の利きは三万回確認」と言われるほど初心者が見逃しやすいようです。誰もが一度は角の利きを見逃して飛車をただで取られたり、王手放置で負けた経験があると思います。そういったミスを減らすためにも、常に意識しておきたい格言と言えますね。

人生の教訓

長いスパンで考えるキャリア形成のメリットとデメリットは次のようになります。

- **着実な成長**：長期的なキャリア形成では、時間をかけてスキルや経験を磨くことができます。徐々に成長し、専門知識を蓄積することで、専門家としての地位を築くことができます。
- **経験の多様性**：長期的なキャリア形成は、異なる役割や業界での経験を積む機会を提供します。これにより、広範な知識やスキルを身につけることができます。異なる業界や職種での経験は、クリエイティブな問題解決能力や柔軟性を高めることに繋がります。
- **長期的な目標の追求**：長期的なキャリア形成では、将来の目標を設定し、それに向かって進むことができます。自分の興味や情熱に基づいたプロジェクトや職務を追求することができるため、やり甲斐を感じながら仕事をすることができます。しかしながら、長いスパンで考えるキャリア形成にはデメリットもあります。

- **時間と努力の必要性**：長期的なキャリア形成は時間と努力を要します。一つの分野に長期間取り組むことは、忍耐力と献身を必要とします。また、一度選んだキャリアパスを変更することが難しくなる可能性もあります。
- **成果を実感するまでの長い時間**：長期的なキャリア形成では、成果を実感するまでに時間がかかることがあります。初めの数年間は、給与や役職の面で目立った進歩を感じにくい場合もあります。このような場合には、モチベーションを維持することが難しいかもしれません。
- **マーケットの変化**：長期的なキャリア形成では、産業や市場の変化に対応する必要があります。技術や需要の変化に追従することができない場合、競争力を失う可能性があります。

具体例

プロ野球のソフトバンクが例年、優勝争いができる強いチームになったのは、選手の長期的な育成を制度化しており三軍制をとっているからと言われています。育成枠から支配下選手となった千賀滉大投手（現在は、ニューヨーク・メッツ）や甲斐拓也捕手は今や球界を代表する選手ですが、同チームの選手層の厚さを示しています。この二人に共通するのは、育成契約で入団したため、支度金のみで契約金はゼロ、背番号は三桁で、三軍からスタートしてチームの主力に這い上がったことです。

まとめ

長いスパンで考えるキャリア形成の一般的なメリットとデメリットを述べてきましたが、個人の状況や目標に応じて、最適なキャリアパスを選択することが重要です。

格言の意味

激戦のときこそ断じてひるんではならず、強気で攻めぬけという格言です。「攻めるは守るなり」で攻撃こそ最大の防御です。

人生の教訓

「攻撃は最大の防御」は、主に戦略や競争的な状況において使われるフレーズであり、次の理由から成り立っています。

- **威嚇効果**：攻撃的な姿勢を示すことで相手に対して威嚇効果を生み出します。相手が攻撃される可能性を感じると、防御の強化や攻撃に対する対策をとる動機付けになります。

- **積極的な行動**：攻撃的な姿勢を取ることで、自らの主導権を保つことができます。防御的な姿勢を取ると相手の動きに応じることが多くなり、主導権を失いがちです。
- **予防措置の重要性**：攻撃的な姿勢を取ることで、相手が攻撃を試みる前に予防措置を講じることが可能になります。防御的な姿勢では、相手の攻撃が実際に起こった後に対応する必要が生じ、その時点で既に被害が発生しているかもしれません（我が国の専守防衛の考え方は、いきなり本土決戦を意味し軍事戦略的にはありえません）。

具体例

「攻撃は最大の防御」は、様々な文脈で用いられることがありますが、自ら積極的に攻撃することで、敵の行動を封じ込め、危害を与えることなく戦況を有利に進めることができるという戦略的な考え方です。以下に具体的な例をいくつか挙げてみましょう。

- **サッカーにおけるプレス戦術**：プレス戦術は、自陣でのボールロス直後に相手選手に対して積極的にプレッシャーをかける戦術です。これにより、相手チームの攻撃を封じ込め、早い段階でボールを奪取することができます。攻撃的なプレスによって、守備を堅固にし、得点を防ぐことができます。

- **ビジネスにおける市場攻略**：新製品やサービスの提供、価格競争、広告・マーケティングの積極的な展開などが「攻撃」の手段となります。これにより、競合他社を抑え、市場での地位を築くことができます。
- **コンピュータセキュリティにおける攻撃防御**：コンピュータシステムのセキュリティにおいても、攻撃は最大の防御と考えることがあります。セキュリティ専門家は、エシカルハッキング（善意のハッカーによるシステムの脆弱性テスト）を行い、システムに対する攻撃を模倣することで、脆弱性を見つけ出し、修復することができます。

まとめ

攻撃を防御の手段として使うことで、より有利な状況を作り出すことができます。ただし、この戦略を活用するためには、計画的で適切な判断と行動が必要です。

将棋の格言 No.51 玉の早逃げ八手の得

『命以上に大切なものはないと知ろう』

(Let's understand that there is nothing more important than life.)

格言の意味

王手をされる前に逃げることを「早逃げ」と言います。中終盤において、相手の攻撃から自玉を遠ざけておけば、逃げざるを得なくなってから逃げるよりも良い場合が多いです。攻める手もある局面で一足先に玉を安全な所に動かすイメージです。なお「八手」というのは、具体的な手数としての八手ではなく、そのくらい多くの得があるということをややオーバーに表現したレトリックです。将棋では一手でも早く相手玉を詰ませばよいゲームなので、そのくらい大きな効果があるという意味で解釈しましょう。

人生の教訓

命以上に大切なものはないことは言うまでもありません。命は他のどんなものよりも価値があることを認識しましょう。このフレーズにはいくつかの重要なポイントが含まれています。

- **生命の尊さを理解すること**：人々はしばしば自分の命や他の人々の命の重要性を忘れがちです。自己を含む他の人々の生命を尊重し、理解することが重要であることを改めて認識しましょう。
- **無駄なリスクを避けること**：命が何よりも大切であることを理解すると、無駄なリスクを冒すことを避ける傾向があります。安全に配慮することが重要であり、自分や他の人々の生命を守るために努力するでしょう。
- **生きる喜びを感じること**：命を大切にすることでより良い生活を送ることができます。生命が尊いと感じることで、日常の小さな喜びをより大きく感じることができます。

具体例

命を失っては全く意味がありません。電車などで無差別テロの現場に居合わせた場合は、その場を立ち去ることが得策です。腕力に多少の自信があったにせよ刃物など殺傷力のある武器を手にしている相手とむやみに戦ってはいけません。

戦国時代の1570年（元亀元年）、織田信長が越前（福井県）の朝倉義景を攻撃したところ、同盟関係にあった小谷城（琵琶湖東岸）を居城とする浅井家の裏切りにあい、挟撃の危機に瀕しました。そのため木下藤吉郎（のちの豊臣秀吉）と、信長の同盟軍の徳川家康が後衛となって、信長本隊は帰還するはめになりました。その際、信長はごくわずかな手勢を連れて居城のある岐阜まで逃げ帰ることに成功したと言われています（これが史実かどうかは諸説ありますが、ここでは論じません）。

まとめ

このフレーズは、命の尊さを忘れずに生きることの重要性を強調するものであり、命があることへの感謝を持って生活することを奨励しています。

将棋の格言 No.52 龍は敵陣に馬は自陣に

『車の両輪を大切にしよう』
(Take care of both wheels of the car.)

格言の意味

龍も馬も攻防共に強力な駒ですが、龍は敵陣内で横利きを生かして攻めに使い、馬は自陣の自玉付近で受けに使う方が向いているという格言です。「馬の守りは金銀三枚」とも言われ、馬は守備力がもっとも高い駒です。

人生の教訓

将棋の龍と馬は攻守のリーダー的存在でまさに「車の両輪」です。経営管理の観点から、企業や組織において重要な要素が二つあることを指します。これは、二つの要素がバランスよく機能して初めて成果を生み出すことを意味しています。以下にその意味と重要性を説明します。

- **「車の両輪」の意味**：「車の両輪」という比喩的な表現では、車が前進するために必要な二つの車輪を指しています。これを経営管理のコンテキストに置き換えると、成功に向けて進むための重要な要素が二つあることを意味します。
- **「車の両輪」の重要性**：企業の経営管理において「車の両輪」がうまく作動していることは、攻守のバランスのとれた健全な経営を確保する上で非常に重要です。
- **収益と効率**：企業の目標は利益を上げることですが、同時にその利益を最大化するために効率的に経営する必要があります。効率を高めることで、限られたリソースをより有効に活用できるため、収益を向上させることができます。収益と効率の両輪がバランスよく回転することで、持続可能な経営を実現し、競争力を維持することができます。

具体例

攻撃のリーダーと守備のリーダーのいる組織は強いです。浜松の町工場に過ぎなかった本田を世界のＨＯＮＤＡに成長させることができたのは創業者で技術者である本田宗一郎社長のみならず、経営実務を担っていた藤沢武夫副社長の存在が大きかったと言われています。この二人はまさに車の両輪でした。プロ野球の常勝チームには強打のスラッガーのみならず、守りの要である名捕手の存在がありました。九連覇をしたときの巨人の森昌彦捕手、南海ホークスが強かったときの野村克也捕手、西武黄金時代の伊東勤捕手、ヤクルトが連覇したときの古田敦也捕手、落合中日ドラゴンズが連覇したときの谷繁元信捕手などです。

まとめ

経営管理において、「車の両輪」は相互に関連し合い、均衡が取れて初めて成果を生み出すという重要な概念です。経営者は、顧客と従業員、収益と効率の両方に同時に焦点を当て、組織の健全な発展を図るために努めることが重要です。

人生の教訓

将棋の格言 No.53 飛角の捨てどころ肝要なり

『目的のために資産を一番良いタイミングで投入せよ』

(Allocate your assets at the most opportune moment for your goals.)

格言の意味

飛角を捨てたい人はいません。ですので大駒を切るタイミングには十分に留意せよという格言です。藤井聡太竜王・名人でもヒューリック杯棋聖戦第二局（2023年6月23日）で優勢の局面から龍を早くきってしまい、珍しく佐々木大地七段に逆転負けしてしまいました。

人生の教訓

目的（将棋では勝利、人生では幸福）のために資産を一番良いタイミングで投入しましょう。目的を達成するためには、今まで大切にしていたものであっても手放すことが必要な場合が稀にあります。最も大切な資産を有効に活用し、目標を達成する理由は次のとおりです。

- **最大限のリターンを得る**：資産を適切なタイミングで投入することで、投資や事業展開などの目的により大きなリターンを期待できます。市場や環境の変化に合わせて、最適な時期を見極めることで、より高い利益を得ることができるでしょう。
- **競争優位の獲得**：競争の激しい市場では、タイミングが成功の鍵となることがあります。他の競合者よりも早く行動することで、競争優位を得ることができます。

具体例

資産を一番良いタイミングで投入し成功したキャリア形成の例は、様々な分野で見られます。例えば以下のようなことです。

- **起業家としての成功**：特定の産業や市場の需要が高まっているタイミングで起業し、優れたビジネスアイデアを実現した起業家が成功しています。例えば、健康志向の市場や環境に配慮した製品・サービスを提供する企業が増えています。

- **教育・資格取得のタイミング**：特定の業界で求められるスキルや資格を持つことで、キャリアにおける成功が期待できる場合があります。例えば、情報技術分野でのプログラミングスキルを持つことで、将来のキャリアに大きな影響を与えることがあります。

まとめ

「目的のために資産を一番良いタイミングで投入せよ」というアドバイスは、資産の最大化、競争優位の獲得など、様々な意義を持っています。タイミングを見極めることは、資産管理やビジネス戦略において非常に重要な要素となります。

将棋の格言 No.54 金底の歩、岩より堅し

『少額投資で安全を確保しよう』
(Secure safety through small investments.)

格言の意味

自陣の二段目に金がいて手持ちに歩がある場合は、金底の歩が打てるので、相手の飛車による横からの攻めに対して強いという格言です。水害時に土嚢（どのう）を積むイメージです。よって金の下に歩が打てる局面なら飛車打ちを極度に恐れる必要はありません。しかし底歩の強度を過信すると「底歩三年の患い」といって、いつまでも換金できない不良資産になりかねません。

人生の教訓

「少額投資で安全を確保する」ことの意義はいくつかの重要な側面があります。

- **リスク管理**：少額投資は、全財産の大部分を占めないため、リスクを最小限に抑えることができます。投資には常にリスクが伴いますが、少額投資であれば大きな損失を被る可能性が低くなります。なお著者は株主優待券欲しさに主要な外食チェーン十社の株を最低単位である百株だけ購入し継続保有しています。株主優待といえば、桐谷広人七段が有名です。株主優待を活用することで生活費にはほとんど現金を使わないそうです。
- **経験の獲得**：少額投資は初心者にとって特に有益です。投資市場に慣れるための実践的な経験を積むことができます。成功も失敗も経験することで、将来的な投資判断が向上します。
- **資産の多様化**：少額投資を行うことで、異なる資産クラスや企業に分散投資することができます。資産の多様化はリスクを分散し、全体的な投資ポートフォリオの安定性を高める助けになります。
- **ファイナンシャルプランニング**：少額投資は個人のファイナンシャルプランニングの一部として重要な要素です。将来の目標に向けて資産を積み上げるために、定期的な少額投資が習慣化されると、資産形成が進むでしょう。

具体例

少額投資で安全を確保することは金融投資に限りません。たとえば巨額のお金を支払って英会話学校や英語教材を購入するよりも、ＮＨＫのラジオやテレビの講座を利用すれば毎月のテキスト代だけで済ますことができますし、金銭的にも継続可能です。デートをする場合も所得に見合わない高級店よりも、価格は普通でも最近人気となっている美味しい店を選んだほうが話のネタにもなります。

まとめ

「少額投資で安全を確保する」ことは、リスク管理や経験の獲得、資産の多様化、長期的な成長の促進、ファイナンシャルプランニングの一環として重要です。少額から始めることで、健全な投資の習慣を身につけ、より堅固な財務基盤を築くことができるでしょう。

将棋の格言 No.55

５三のと金に負けなし
『戦いの要所を押えよう』
(Focus on the vital point.)

格言の意味

敵陣の要所である５三の地点にと金（歩兵が成ったもの。金将と同じ動きをする）を作ることができれば、必ず勝てるという格言です。実際に必ず勝てるとは限りませんが、５三の地点は天王山とも呼ばれ、好位置であることは間違いありません。

人生の教訓

戦闘において戦いの要所を押さえることは、戦術的な観点から非常に重要な戦略です。これは、戦場での優位性を確立し、勝利を得るために戦局をコントロールする手段の一つです。戦いの要所を押さえることの意義についていくつかのポイントを説明します。

- **敵の弱点を攻撃する**：戦闘の中で、敵の防御の脆弱な部分や弱点を特定し、そこを攻撃することで、敵の抵抗を弱め、効果的なダメージを与えることができます。要所を押さえることにより、敵の弱点に集中的な攻撃を仕掛けることができるため、戦局を有利に進めることが可能です。
- **戦場の制圧と地理的利点の確保**：戦闘の要所となる地理的要素（高地、要塞、交通路など）を制圧することで、戦局のコントロールを維持し、戦略的な利点を確保することができます。これにより、敵の動きを制限し、自軍の行動を優位に進めることができます。
- **士気と心理的影響**：要所を押さえることで、自軍の士気が高まり、勝利への意欲が増すことがあります。また、敵にとっては重要な拠点を失ったり、攻撃を受けることで心理的な打撃を与えることができます。これにより、敵の動揺や恐怖を引き起こすことができます。

具体例

大東亜戦争における日米の太平洋を巡る攻の要所はミッドウェー島で、このミッドウェー海戦でほぼ決着が付いたと言われています。日本海軍は投入した空母四隻とその艦載機約二百九十機の全てを失いました。ＡＩによる将棋の評価値に例えると米国97：日本３くらいの大差となり、逆転はほぼ不可能で詰まされるのは時間だけの問題となりました。

将棋を知らない読者のためにオセロゲームに例えると戦いの要所は挟むことができない四隅の位置です。この四隅を白黒どちらがとるかでほぼ勝敗の行方が決まるので、この四隅をとる、あるいは相手に四隅だけは絶対に取らせないことが大切です。

政治や経営の戦いの要所は、一般的には予算編成権と人事権でしょう。権力を掌握するためにはこの二つの権限だけは決して手放してはいけません。

まとめ

要所を押さえる戦術は、戦いを有利に進めるための一つの方法ですが、同時に計画的な戦術や連携が必要とされる複雑な戦略でもあります。戦術の選択や実行は、戦場の状況や敵の行動に適応する必要があります。

将棋の格言 No.56 歩切れの香は角以上

『同じ人物でも居場所によって発揮される能力は異なることを知ろう』

(Even the same person has different abilities depending on where they are.)

格言の意味

駒得の判断があてはまらない局面が将棋にはあります。その典型例がこの「歩切れの香は角以上」で相手が歩切れのときは、持ち駒に持っている香車は角以上の価値がある場合もあるという格言です。「相穴熊では角より金」という格言も盤面次第で駒の価値が変わることを意味する格言の一つです。

人生の教訓

同じ人物でも、居場所によって発揮される能力が異なる理由はいくつか考えられます。

- **環境の違い**：人は環境に影響を受けます。異なる環境では、求められるスキルや特性が変わります。例えば、社交的な能力が必要な環境では、人が明るくコミュニケーション能力を発揮しやすいかもしれませんが、知識や専門的スキルが重要な環境では、知識や専門性が発揮されることが多いでしょう。
- **ストレスやプレッシャー**：ストレスやプレッシャーは、能力の発揮に影響を与える要因です。緊張した状況やストレスの多い環境では、本来の能力を発揮しにくくなることがあります。逆に、リラックスした状態やサポートのある環境では、能力を十分に発揮できることがあります。
- **チームやグループの影響**：人は周囲の人々との相互作用によって能力が引き出されることがあります。協力的なチームやサポートのあるグループでは、個々の能力がより発揮されやすい状況が生まれるかもしれません。
- **経験と学習**：異なる環境での経験や学習は、能力の発達に影響を与えます。特定の環境で得た経験やスキルは、その環境に適応する際に有用となるため、能力を発揮しやすくなるでしょう。

具体例

２０２３年、メジャーリーグに挑戦した元阪神タイガースの藤波晋太郎投手は当初ア・リーグ最下位のオークランド・アスレチックスに所属していました。速球の威力はあるもののコントロールが全く定まらず敗戦処理のリリーフ要員に低迷していました。それがシーズン途中で優勝争いをしているボルチモア・オリオールズに移籍すると主に七回か八回のセットアッパーとして起用され、コントロールは乱れる登板は依然としてあるものの、徐々にその能力が発揮されるようになりました。そして２０２３年８月６日には日本人メジャー最速となる１０２・６マイル（約１６５・１キロ）をたたき出し全９球ストライクの力勝負で今季４ホールド目を記録しました。

まとめ

環境要因は個々の人や状況によって異なる影響を与えることがあります。したがって、同じ人物でも異なる居場所や環境で異なる能力を発揮することは自然なことです。

『必要な人材を見極めよ』(Identify the necessary talent.)

格言の意味

将棋は局面に応じて必要な駒が異なってきます。特に敵玉を詰ます段階になると、斜めに効く角や銀が有効な場合、縦横に利く飛車や金が有効な場合、マスを飛び越えることができる桂が有効な場合など場面場面で必要な駒が違います。高段者はこの局面でこの駒が手に入れば詰ましやすい、受け手の場合なら、この駒は相手に取らせても大丈夫、または取らせると危険といった判断をしています。この必要な駒の見極めが勝負の分かれ目になるくらい大切です。

人生の教訓

状況に応じて必要な人材を見極めることは、組織やビジネスの成功にとって非常に重要です。その重要性をいくつか挙げてみましょう。

- **効率的な業務遂行**：適切な人材を配置することで、仕事の遂行がより効率的になり、成果を最大化し、時間やリソースを無駄にせずに済みます。
- **変化への対応力**：ビジネス環境は常に変化しています。適切な人材を持つ組織は、変化への対応力が高くなります。必要なスキルを持つ人材を柔軟に採用・配置することで、新たなニーズや課題に対応できる体制を築くことができます。
- **コスト削減**：適格なスキルを持つ人材は、研修やトレーニングに時間とコストをかける必要が少ないため、長期的なコスト削減に繋がります。

具体例

戦国時代の英雄である織田信長、豊臣秀吉、徳川家康はそれぞれその特徴が異なっています。織田信長は独自の外交戦略を展開し、鉄砲の普及を促進し、戦国時代の戦術を革新しました。一方、政治的な安定を築くことに失敗し、家臣団の対立や謀反など内部抗争が多発しました。豊臣秀吉は戦国時代の混乱を収束し、日本の統一を果たすなど、優れた統治者であった一方、巨大な中央集権化により、一部の大名の反感を招き朝鮮出兵などの大規模な戦役により、国力の消耗と多くの犠牲を生みました。徳川家康は安定した政治と外交政策により、長期間にわたる平和な時代を築きました。しかし社会制度の変革には消極的な一面もありました。よって時代のニーズによっても求められる人材は異なります。

まとめ

状況に応じて必要な人材を見極めることは、組織の競争力や成長にとって欠かせない要素です。適切な人材を採用・配置することで、組織全体のパフォーマンスと効果的な運営をサポートすることができます。

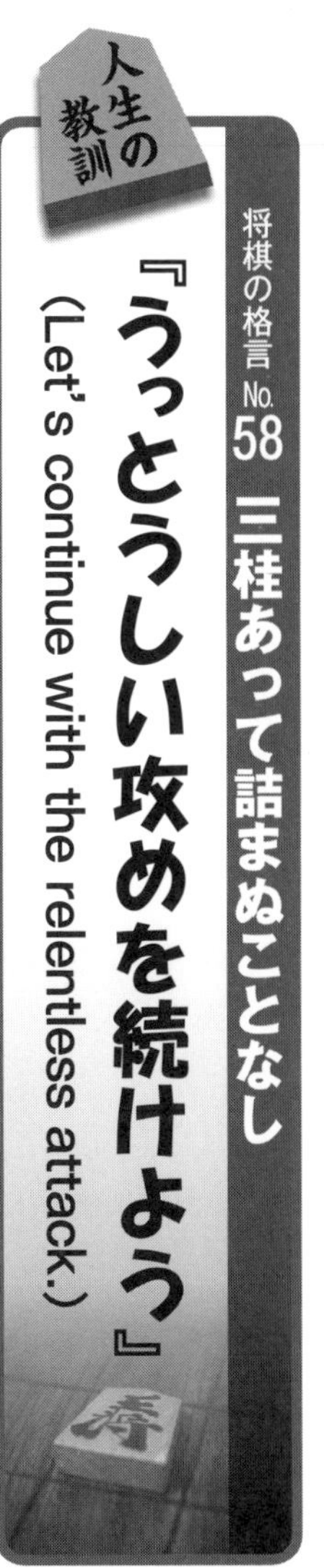

格言の意味

三桂あれば詰ますことができるという格言です。将棋講座ドットコムでは、『終盤において、攻めの拠点が少なかったり、相手の囲いを崩し切っていなかったりしても、持ち駒に桂が三枚あれば相手玉に詰み筋が生じている場合もある』と説明されています。実際には「三桂あって詰んだ試しなし」とも冗談で言われるように、ヘボ将棋を指す著者の経験では桂を三枚獲得するまでに金銀を交換で取られている場合が多く、むしろ詰ませづらいことが圧倒的に多いです。しかし本当に詰むかどうかは別にして、桂馬を三枚使って攻められると受ける側としてはかなりうっとうしいものです。

人生の教訓

うっとおしい攻めは、戦略的な視点から効果的なアプローチとなる場合があります。その理由をいくつか説明します。

- **忍耐と継続性**：うっとおしい攻めは、敵を疲弊させることができます。相手に不快感を与え、イライラさせることで、彼らの注意力を分散させ、戦闘意欲を削ぐことができます。
- **敵のリソース消耗**：うっとおしい攻めは、相手のリソースを消耗させることができます。相手が対応策を練るために時間やエネルギーを使い、その結果として敵の資源を削減することができるため、長期的な戦略として有効です。
- **心理戦の優位性**：忍耐強い攻めは、相手の精神的なタフネスに対しても影響を与えることがあります。相手に挫折感や不安を与えることで、戦闘意欲を低下させ、士気を崩壊させる可能性があります。

具体例

野球では淡泊な攻めよりも、バントや盗塁を絡めたうっとうしい攻めのほうが、特に接戦のとき効果的です。投手は走者に気を取られ投球に集中できず、捕手も内野手も走者の動きを気にしながら守らなければならないので、暴投やエラーをする確率が高まります。

日常生活では、うっとうしいセールスマンに繰り返し言い寄られ、つい不要な製品やサービスを購入してしまった経験のある人もいるでしょう。但ししつこすぎる営業行為は違法性があり、また男女関係ではストーカー被害に発展することもあるので程度問題です。

まとめ

うっとおしい攻めは、戦略やゲームにおいては効果を発揮します。しかし、常によいとは限りません。相手が十分な対応策を講じたり、戦術や戦略を変更したりすることで、逆に攻め手が不利に立たされる場合もあります。

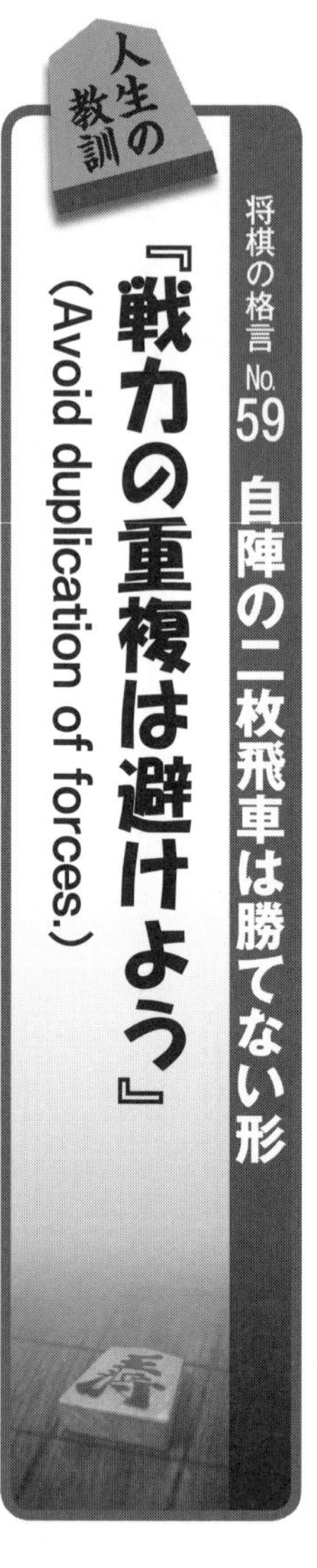

将棋の格言 No.59 自陣の二枚飛車は勝てない形

『戦力の重複は避けよう』(Avoid duplication of forces.)

人生の教訓

格言の意味

飛車は自陣にいるより敵陣に成り込むか、または持ち駒として敵陣に打ち込んだほうが相手に対して大きなプレッシャーとなります。にもかかわらずせっかくの飛車が二枚も自陣にいたら通常は勝てない形といってよいでしょう。自陣飛車が好手になる場合も実戦ではありますが、一般的には敵陣にあったほうが寄せは早くなります。

人生の教訓

戦力の重複を避けることには、いくつか重要な意義があります。その主な意義を説明します。

- **効率的なリソースの活用**：戦力が重複すると、同じ目標に対して複数の人や資源が重複してしまいます。これにより、リソースの無駄な使い道となり、結果として効率が低下します。
- **協調とチームワークの強化**：戦力の重複は、チーム内や組織内でのコミュニケーションや協調を複雑にし、調整が難しくなります。
- **専門性の活用**：戦力を重複させると、特定の専門分野において人材が偏在してしまう可能性があります。多様な人材を備え、組織全体としてのパフォーマンスを発揮できるようにすることで、より高い成果を得ることができます。
- **コスト削減**：戦力の重複は、無駄な経費を生じる可能性があります。同じ任務に対して複数の人を配置することで、不要なコストがかかることがあります。

具体例

プロ野球では九十年代中頃から２０００年代前半にかけて読売ジャイアンツ（巨人軍）は、松井、高橋といった生え抜きのホームランバッターがいたにもかかわらず、各チームの日本人及び外国人の四番バッターばかり（落合、ハウエル、広沢、清原、石井、江藤、マルティネス、ペタジーニ、小久保など）を集めたことがあります。しかし彼らの守備位置が重なったため出場機会が減り、また打線の繋がりも悪くなり金額に見合うだけの成果を挙げることはできませんでした。２０２３年度のロサンゼルス・エンゼルスもホームランを二十本前後打つけれども足が遅く小技の利かない長打を狙う選手ばかりを複数集めた結果、打線が点で終わり全く繋がらず残塁ばかりが極端に目立ちました。その結果、本塁打数ではア・リーグのランキング上位にもかかわらず、西地区四位に低迷しました。

まとめ

以上のように、戦力の重複を避けることは、組織やチームの効率的な運営や成果の最大化につながる重要な要素です。

人生の教訓

将棋の格言 No.60 三歩持ったら継ぎ歩と垂れ歩

『三人寄れば文殊の知恵』

（Two heads are better than one.）

格言の意味

持ち駒に歩が三枚あれば、歩を使って相手陣を崩す手順が生じる可能性があるという格言です。「継ぎ歩」は歩を突き捨てたり打ち捨てして進ませた、敵の歩の頭に続けて歩を打つ手筋を意味します。「垂れ歩」とは敵の歩が進んだ空間に持ち歩を打つことで敵にとっては受けづらい厳しい攻めの拠点となります。

人生の教訓

「三人寄れば文殊の知恵」と読み替えることができます。この諺は、人々が集まることによって知恵や意見が豊富になり、より良い解決策や判断が得られるという教えですが、仏教の菩薩である文殊菩薩（もんじゅぼさつ）が智慧や知識の象徴であることに由来しています。

三者から得られる多様なアプローチや洞察は、個々の人が持っていない新しい視点や情報を提供し、より深い理解や解決策の創出につながる可能性があります。「三人寄れば文殊の知恵」の意義としては、次のようなポイントが挙げられます。

- **多様性の重要性**：異なるバックグラウンドや経験を持つ人々が集まることで、様々な視点やアイディアが出てくるため、問題の多面的な理解が得られます。
- **知識の共有**：各人が持っている知識や情報を共有することによって、集団全体の知識が増え、より高い質の意思決定が可能になります。
- **創造性の刺激**：異なるアイディアが交わることで、新たなアイディアや発想が生まれやすくなり、創造性が刺激されます。

具体例

三人は二人よりも人間関係が相対化され、その一方で四人以上よりも個々の責任や影響力が大きくなり緊張感が維持できるので、一般的にはグループワークには最適な人数と思われます。

戦国時代、毛利元就が、隆元、元春（後の吉川元春）、隆景（後の小早川隆景）という三人の子息に対して授けた教えに「三本の矢」があります。一本の矢では容易に折れるが、三本まとめては折れにくいことから、一族の結束の大切さを説いたものとされています。

１９７０年４月に実施された米国のアポロ計画三度目の有人月飛行であるアポロ13号は、途中での事故によりミッション中止を余儀なくされながらも、搭乗員三名の連携によりその後に見舞われた数多くの深刻な危機的状況を脱し、乗組員全員が無事に地球へ帰還しました。このときの状況は映画「アポロ13」（トム・ハンクス主演）として１９９５年に上映されました。

まとめ

この諺は、単に人数を合わせることが大切というだけでなく、それぞれの持っている知識や経験を共有し合い、協力することで、よりよい成果を生み出すことができるという教えを含んでいます。

人生の教訓

将棋の格言No.61 ただ捨て

『ただほど高いものはない』
(There is nothing more expensive than free.)

格言の意味

「ただ捨て」は、盤上の駒を移動して相手にわざと取らせようとする戦術です。駒損になりますが、相手に駒を取らせている間に攻めたり、相手の駒を移動させることによって働きを弱くする狙いがあります。この「ただ捨て」は駒の「押し売り」になることが多く、プロ棋士間でたまに出てくる高等戦術です。また、玉の逃げ道に捨て駒をすれば、その捨て駒を取った駒が邪魔をして逃げ道を封鎖し、詰みに近づくことがあります。この種の「ただ捨て」で有名なのは、1989年2月のＮＨＫ杯で羽生善治五段が加藤一二三九段との対局で５二銀と、銀をただで捨てた手です。（Ｐ195参照）また第81期名人戦第三局では渡辺明名人が苦手（その時点での対戦成績3勝18敗）な藤井聡太竜王に見事な逆転勝ちをしましたが、その勝因の一つになったのが5九歩と打ち、自陣の銀をタダで捨てる手でした。

人生の教訓

無料で配布されているものを受け取ることで後に大変困る事例は多数あります。「ただほど高いものはない」の実例をいくつか挙げます。

- **ウイルス感染**：インターネット上の無料で提供されているソフトウェアやファイルには、ウイルスやマルウェアが仕込まれていることがあります。そのようなソフトウェアをダウンロードしたり怪しいファイルを開いたりすると、コンピュータや個人情報が危険にさらされる可能性があります。
- **不正なデータ収集**：無料のアプリやウェブサービスは、個人情報を収集して広告を表示したり、第三者に提供したりすることがあります。個人情報の漏洩やプライバシーの侵害が懸念されます。
- **不正な活動への関与**：一部の無料のサービスや提供物は、不正な活動に巻き込まれる可能性があります。例えば、違法なコンテンツの配信に使用される無料のホスティングサービスなどがあります。

- **隠れたコスト**：一部の無料のサービスは、後で追加料金や広告表示を求められることがあります。最初は無料であったものが、実際には利用するために費用がかかる場合があります。

具体例

徳川家康は不在中の伏見城を石田三成に攻めさせて、反撃を開始しました。大東亜戦争でもルーズベルト大統領は真珠湾攻撃を契機に米国の反日世論を高めることに成功しました。

著者のお恥ずかしい経験談が二つあります。一つは株式投資イベントで、京都の投資斡旋会社が名前を登録すると「おたべ」をタダで配っていたので、おたべ欲しさについ登録してしまいました。それから数日後から数年に渡ってメールと電話が続き、いくら断ってもかけてくるので困っています。またパスポートを申請した際、会場で某クレジットカードに加入すると、パスポート用の写真が無料で撮影できるというサービスがあり、うかつにも使用予定のないカードを作成して困ったことがあります。

まとめ

ただのリスクを避けるためには、無料の提供物を利用する前に信頼性を確認し、プライバシーやセキュリティについて注意深く検討することが重要です。また、信頼性のあるソースから提供される無料の製品やサービスを選ぶことも大切です。

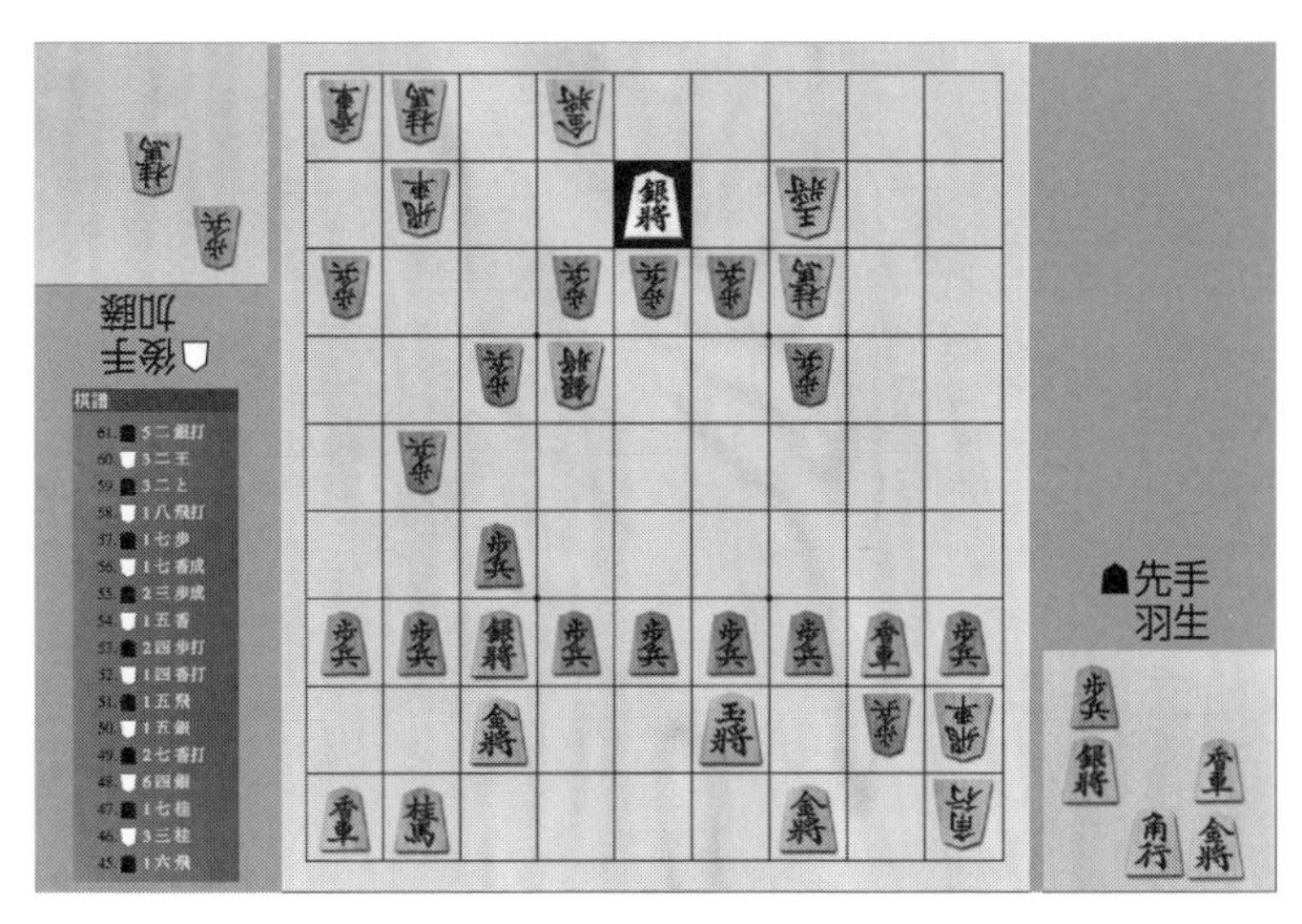

図表　1989年2月のNHK杯で羽生善治五段が加藤一二三九段との対局で5二銀と銀をただで捨てた局面です。後手は金でも飛車でも銀を取ることができますが、取った瞬間、1四角と打たれ3一王と逃げても4一王と逃げても持ち駒の金で即詰みとなります。よってこのただ捨ての銀は取ることができず、先手の必勝形となります。

第4章 終盤戦（晩年期）

将棋の終盤戦は、相手の玉を追い詰めていく最終フェーズのことを指します。人生では最後の時期をいかに上手く着地できるか（幸せに人生を終えることができるか）は、この時期の過ごし方にかかっています。インドの諺に「生まれたときはあなたが泣いて皆が笑った。死ぬときはあなたが笑って皆が泣くような最後を遂げよう」というのがあります。スティーブ・ジョブズ（アップル創業者／1955～2011）は「墓場で一番の金持ちになることは私には重要ではない。夜眠るとき、我々は素晴らしいことをしたと言えること、それが重要だ」と述べています。笑って人生最後の日を迎えられるためには何を心掛けて生きるべきでしょうか。本章で考えていきましょう。

人生の教訓

将棋の格言 No.62 ヘボ将棋、王より飛車を可愛がり

『物欲に目がくらんで命をないがしろにしてはならない』

(Do not be blinded by material desires and neglect your life.)

格言の意味

初心者のうちは強い駒である飛車を大事にしすぎて、肝心の玉を寄せられてしまうことがよくあります。飛車はもっとも攻撃力のある強い駒なので安易にとらせないことは大切ですが、自玉がとられてしまっては元も子もありません。優先順位を間違わないよう冷静さを保ち、常に視野を広くしておきましょう。一方、局面に応じて正しく飛車を見切る判断ができるようになれば、実力がついてきた証拠でもあります。「ヘボ将棋、王より飛車を可愛がり」という格言は明治期の落語家が考案したものと言われています。「飛車を取って喜ぶ下手将棋」も同様の意味です。飛車や角といっ

た大駒は大切ですが勝負時にはバッサリ捨てる覚悟も局面によっては必要です。藤森哲也五段はYouTube動画「将棋放浪記」で大駒を捌く（飛車や角を捨てる）ことを「ぶっち」と表現していますが、「ぶっち」がタイミングよく出来ればかっこいいですよね。いずれにしても「飛車の命は王と引き換え」というくらい玉だけは絶対に守らなければいけない駒です。

人生の教訓

この格言は目先の物欲に囚われて本当に大切なものを失ってしまう愚かさを表現するために用いられています。目的と手段を取り違うことのないよう十分に注意しましょう。何事でも命があってできることで、死んでは何にもなりません。人間の生命は貴重なものであり、金銭や物質的な利益では代替できないからです。次の点がその理由を説明しています。

- **生命の不可逆性**：人間の一生は限られており一度失われた命は二度と戻りません。どんなにモノを持っていても失った命を取り戻すことは不可能です。
- **人間関係と絆の大切さ**：家族や友人、仲間との絆はお金では買えないものです。物欲に目がくらんで他人との繋がりを軽視してしまうと、心の豊かさや幸福感を失う可能性があります。

具体例

石田三成は関ケ原の戦いに敗れ、敵方に捉えられ斬首刑になる目前でも、干し柿は身体を冷やすので食べないと言ったという逸話が残っています。生きている間は何が起こるかわからないという、生きることへの執念を示しています。

まとめ

これらの理由から、物欲に目がくらんで命をないがしろにすることは避けるべきです。持続的で豊かな人間関係と幸福な生活を築くために、物欲よりも命を最優先し本末転倒にならないことが大切です。

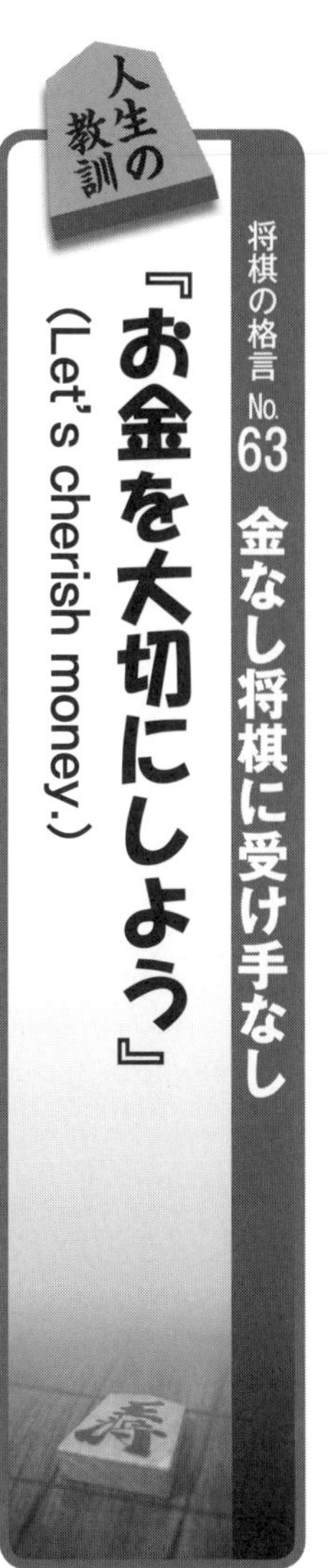

格言の意味

金は守りの要であり、金がなければ敵の攻撃を受けきれないという格言です。相手を詰めるときもっとも役に立つのは金ですが、受けるときにも金がもっとも大切な駒です。金は横からも上下からもがっしりと玉をガードしています。銀に比べても隙がすくなく、囲いを攻略する際には金は最初の段階で剝がすべき駒です。

人生の教訓

お金が生きていく上で重要な理由は多岐にわたります。具体的な理由をいくつか挙げてみます。

- **生活必需品の購入**：お金がなければ、食料品、水道光熱費、住居費などの生活必需品を購入することができません。これらは生きるために不可欠なものであり、お金がなければ基本的な生活ニーズを満たすことが難しくなります。
- **医療費の支払い**：病気や怪我をした場合、医療費がかかります。お金があれば適切な医療サービスを受けることができ、健康を守ることができます。逆に、お金がない場合、適切な医療サービスを受けられず健康を損なうリスクが高まります。
- **教育とスキルの獲得**：教育は個人の成長や職業の選択に欠かせません。お金を持つことで、より高度な教育を受けることができ、専門的な知識やスキルを身につけることができます。これは将来の収入を増やすためのカギとなります。
- **機会と選択肢の拡大**：お金を持っていると、様々な機会や選択肢が広がります。旅行や趣味、文化的な活動など、より豊かな生活を楽しむことができます。また、ビジネスの展望や投資による収益など、様々な経済的な機会にもアクセスできます。
- **緊急時の安全網**：予期せぬ出来事や災害が起こった場合、お金を持っているとそれに対処する安全網として機能します。
- **自己実現と幸福感**：お金があることで、自己実現に向けた目標を追求することができます。自分の夢や目標を実現するために必要な資源や環境を整えることができるため、幸福感を高めることができるでしょう。

具体例

勝間和代さんは「お金の余裕は問題の九割を予防する」と語っています。健康を維持する上での食事の摂取、睡眠や運動環境も一定以上のお金があれば安定的に確保できます。恋愛関係もある程度お金がなければデートもできず長く続かないでしょう。

まとめ

ただし、お金が全てではないことも重要です。家族や友人との繋がり、精神的な充足、健康、時間の使い方なども生きていく上で重要な要素です。バランスを保ちながら、お金を上手に活用することが豊かな人生を築く鍵と言えるでしょう。

人生の教訓

将棋の格言 No.64 終盤は駒の損得より速度

『晩年は貯金額より残りの時間を大切にしよう』

(Consider your remaining lifetime more than the amount of savings in your later years.)

格言の意味

将棋は相手玉を先に詰ますと勝ちになるゲームですので、勝ちのある局面では駒得よりも速度を重視しましょう。

人生の教訓

天国にお金は持っていくことはできません。晩年はお金を残すのではなく残された時間を充実させましょう。英語では"live a full life"（満ち足りた人生を送る）という表現があります。人生はいかに充実して過ごせるかが大切であって、死後の財産額は関係ありません。プロの将棋で美しいと言われる棋譜は、手持ちの駒が一つもなくぴったりと相手を詰ますことです。人生の晩年において、寿命が貯金よりも大切な理由はいくつかあります。

- **健康と幸福**：良い健康状態が長く続くことで、幸福な晩年を送ることができます。健康であれば、自分や家族との時間を楽しむことができるし、趣味や興味を追求する余裕も持てます。一方、貯金があっても健康を損なうと幸福感を得ることは難しくなります。
- **医療費と介護費用**：高齢になると、医療や介護が必要な場面が増えることがあります。貯金があるとこれらの費用を賄うことができますが、限られた貯金では対応できないこともあります。一方で、健康な状態を維持することで、医療や介護が必要な状況をできるだけ遅らせたり軽減することができるかもしれません。
- **人間関係と社会的繋がり**：社会的な繋ながりは、人生の晩年においても重要です。晩年期を充実して過ごすために必要なのは教養「今日の用」と教育「今日行く場所」と言われています。友人や仲間との交流を通じて、孤立感を軽減し、精神的な健康を保つことができます。

具体例

野球、サッカー、ボクシングなどのスポーツでも終盤は戦力の保持よりも速度、すなわちスピードが勝敗を分ける決め手となります。桶狭間の戦いでも織田信長が十倍の兵力を誇る今川義元の軍に勝ったのは、敵の王将を目掛けて戦力を集中させ一気呵成に攻撃したことによります。この戦を将棋に例えるなら、織田軍はきれいに駒を使い切ったのに対し、今川軍は盤上の駒も手持ちの駒もたくさん残したまま有効に使うことなく玉を詰まされてしまう結果となりました。

まとめ

健康で幸せな晩年を送るためには、貯金よりも健康や人間関係にも重点を置くことが大切です。質の高い生活を送るために、健康への投資や社会的な繋がりの構築が不可欠です。

将棋の格言 No.65 長い詰みより短い必至

『満点ではなく八十点を目指そう』
(Let's aim for 80 points, not a perfect score.)

格言の意味

相手玉の詰みを読み切れていなければ、無理に詰ましにいくよりも分かりやすい必至（どう逃げてもいずれ詰んでしまう状況）をかけた方が勝ちやすいという格言です。詰まし損なうと相手に渡した駒によって、逆に自玉を詰まされ逆転負けをしやすくなります。よって、難しい長い詰みよりも分かりやすい必至をかけましょう。

人生の教訓

「満点よりも八十点を目標にする」を目指しましょう。その理由は次のようにいくつかあります。

- **現実的な目標設定**：満点を目指すことは非常に高いレベルの達成を要求しますが、それが現実的な目標であるとは限りません。一方、八十点は比較的達成可能な目標として捉えることができます。
- **進歩を実感しやすい**：目標を八十点に設定することで、努力による成果を早い段階で実感できます。満点を目指す場合、一度の小さなミスでも失敗に感じることがありますが、八十点ならば合格点を超えて良い評価を得ることができるので自己肯定感が高まります。
- **効果的な学習**：満点を目指すためには非常に多くの時間と努力が必要になりますが、それが常に効率的な学習に繋がるとは限りません。一方で八十点を目指す場合、限られた時間でもある程度の理解を得ることができます。学習の時間配分や重要なポイントに焦点を当てることで、質の高い学習を促進できます。
- **過度なストレス回避**：満点を目指すと、達成するためのプレッシャーやストレスが非常に高まる可能性があります。それによって逆に成績やパフォーマンスが悪化することもあります。八十点を目標とすることで、過度なプレッシャーから解放されてリラックスした状態を保ちながら取り組むことができます。

具体例

どんな資格試験でも大学入試でも八割を超える正解率ならほぼ合格できます。満点を目指すよりも安定的に八割以上を目指しましょう。２００６年イタリアのトリノで開催された冬季オリンピックに出場した荒川静香選手は女子フィギュアで日本人として初めて金メダルを獲得しました。荒川選手は、高得点の難易度の高い技よりも難易度はやや下がったとしても確実にできる技、そしてイナバウアーなど美しく魅せる演技を組み合わせ成功しました。長い人生を考えるなら、四回転ジャンプを跳ぼうとして転倒するくらいなら、三回転ジャンプを着実に決める選択をするほうが安全かつ確実です。続けられない最善より、続けられる次善を選択しましょう。

まとめ

このように、「満点よりも八十点を目標にする」ことには、現実的な目標設定、進歩が実感しやすい、効率的な学習、過度なストレス回避というメリットがあります。

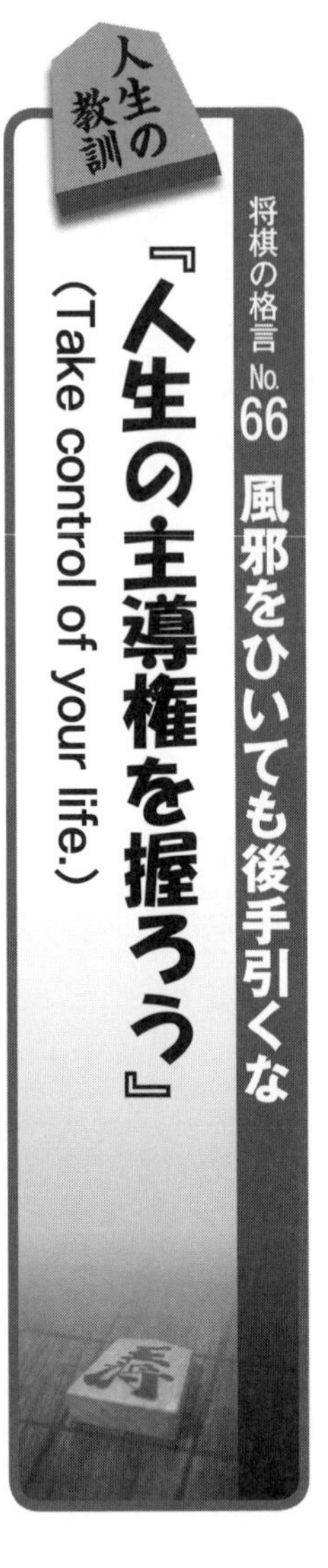

将棋の格言 No.66 風邪をひいても後手引くな

『人生の主導権を握ろう』

(Take control of your life.)

格言の意味

将棋は一手でも早く相手の玉を詰めれば勝ちになるゲームですので、手番を握ることが極めて重要です、特に終盤では手番を握ることが勝敗を左右します。後手ばかりひいていると受けばかりになり攻めることができません。つまり勝つチャンスが来なくなります。

人生の教訓

自分の人生の主導権を握ることは、幸福や成功を追求する上で非常に大切な要素です。次に人生の主導権を自分で握ることの重要性についていくつかの理由を挙げてみましょう。

- **自己実現**：自分の人生の主導権を握ることにより、自己実現が可能となります。自己実現とは、自分自身の可能性を最大限に引き出し、自分の能力や情熱に従って生きることです。他人によって人生を決められるのではなく、自分の望む方向に向かって自己成長することで、より充実した人生を築くことができます。
- **責任と選択の自由**：自らの人生を主導することは自己責任を意味します。他人の決定に依存するのではなく、自分の選択に責任を持つことで、人生に対する自由度が高まります。また、様々な選択肢がある中で自ら決断することで、自分の価値観や信念に忠実に生きることが可能になります。
- **成長と自信の向上**：困難な状況や挑戦に直面しても、自らの人生を主導する力を持つことで、成長し、自信を深めることができます。自分自身で問題を解決し、困難に立ち向かう経験は、自己肯定感を高める要因となります。

具体例

自分の誕生日を誰かにお祝いしてもらおうとしても、多くの人はお祝いしてもらえません。家族や恋人がいる人は一緒に食事をしたり、プレゼントをもらうこともあるかもしれませんが、結婚してから数年経つと家族からも誕生日を忘れられてしまうことも多いです。もし、ちょっとしたパーティーでもしたいなら、自らが主催し友人や知人を集めましょう。また日頃から良好な人間関係を維持するため、連絡を小まめにとる必要があります。

まとめ

自分の人生の主導権を握ることは、容易なことではありませんが、他人からの影響や社会の期待に左右されずに、自らの信念や目標に忠実に向き合うことが必要です。その結果、より意義のある満足のいく人生を築くことができるでしょう。GEの元会長ジャック・ウェルチは「運命は自らコントロールせよ。さもないと、他の誰かがコントロールすることになる」(Control your destiny. Or someone else will.) と語っています。

格言の意味

「王は包むように寄せよ」は、『相手玉に対してはすぐに王手をかけるよりも、優先的に逃げ道を封鎖しておいた方が寄せやすくなる』という格言です（将棋講座ドットコム）。一方向から相手玉を追いかけ過ぎて逃がしてしまうと、元の場所に攻め駒が残ってしまい、駒の働きが鈍くなってしまう上に、王が逃げた場所で詰ますための駒がさらに必要となるため、戦力不足に陥りやすくなります。少ない攻め駒でより確実に相手玉を寄せるためには、「王を包むように寄せる」ことが将棋の大原則です。なお王手をかけすぎて、相手玉を逃がしてしまうことの戒めとして「王手は追う手」「王手するよりシバリと必死」「ムヤミに王手はするな」「王は左右から攻めよ」などもあります。王を詰ますためには、ムキになって王手をするよりも、前後、左右から挟み撃ち、つまり挟撃態勢をつくることが定跡です。ちなみに第94期ヒューリック杯棋聖戦の第三局（2023年7月3日）で藤井聡太棋聖は、一度も王手をせずに勝利を収めました。

人生の教訓

早くゴールに辿り着くためなら、危険を伴う近道よりも多少は遠くても安全で確実な方法をとったほうが結果的には早く目的を達することができるというたとえに「急がば回れ」という諺があります。警察官が犯人を追跡する場合も一方向だけではなく両方面から行く手を挟み撃ちにすることがよくあります。「真綿で首をしめる」という表現もありますが、一見するとその効果は直接的ではないようですが、じわじわと効いて相手を追い込む方法です。フランシス・ベーコン（英国の哲学者）も「人生は道路のようなものだ。一番の近道はたいてい一番悪い道だ」と述べています。

具体例

殺虫剤の大手メーカーである フマキラーの現地法人インドネシアフマキラーは首都であるジャカルタではなく、地方から販路を伸ばしていき、首都であるジャカルタへの参入はあえて最後にしました。高級生食パン専門店の「乃が美」も地方から徐々に店舗を増やしブランド力を高めながら満を持して最後に東京進出を果たしました。

まとめ

最終的な目的を達成するためには、あえて回り道をすることが必要な場合があります。勝負においては戦力が整い勝機がくるまでは勝ち急いではいけません。まさに「急がば回れ」(Haste makes waste. または Make haste slowly.) という諺に通じます。渋滞している高速道路と迂回路となる一般道では、どちらが早く目的地へ向かえるのでしょうか。人生でも終盤で相手を仕留めるときは、いったん腰を下ろして何が最善なのかを考える必要があります。

人生の教訓

将棋の格言 No.68 終盤では一石二鳥の手を探せ

『晩年では、相乗効果のある選択肢を探ろう』

(In old age, let's explore synergistic options.)

格言の意味

「終盤は一つの着手で二つの利益のある指し手を探しなさい」という意味ですが、青野照市九段は著書『目からウロコ! 今どき将棋格言、P48』の中で、「終盤では(場合によれば中盤でも)攻めだけの手、受けだけの手より、攻めにも受けにも利く手、つまり一石二鳥の手を探せという教えである」と述べています。そして「これができる人とできない人では、終盤の力がまったく違う」と続けています。「一挙両得」もほぼ同じ意味です。

人生の教訓

この格言は「人生の晩年において相乗効果のある選択肢を探ろう」と読み替えることができます。これにはいくつかの重要な理由があります。

- **時間とエネルギーの最適活用**：人生の晩年では、時間とエネルギーが限られています。相乗効果のある選択肢を追求することで、少ないリソースで多くの利益を得ることができます。無駄な仕事や楽しくない人付き合いを減らしていきましょう。
- **パーソナルフルフィルメント**：相乗効果のある選択肢は、個人の目標や興味に合わせて選ばれることが多いです。したがって、自分が本当にやりたいことに集中することができます。これにより、人生の晩年をより意味のあるものとして感じることができるでしょう。
- **知的刺激と成長**：新しい挑戦や学びを持つ相乗効果のある選択肢は、脳を刺激し、知的な成長を促進します。人は終身学習が可能であり、晩年であっても新たなスキルを身につけることができます。その意味で将棋は頭も指も使う最適な知的遊戯の一つです。

● **社会的な影響**：相乗効果のある選択肢は、他の人々にもプラスの影響を与えることがあります。例えば、ボランティア活動や教育的な取り組みは、社会に貢献するだけでなく、自己満足感ももたらします。

具体例

他人と比較して圧倒的に優れた知識や技能をもっている人なら退職後もそれを生かすことで、一定程度の収入を得ながら、社会のネットワークの中で自らを位置づけることができます。それらの活動を通じて若い世代と触れ合いその成長を助けることは、精神的にも健全な生活を送ることができます。

まとめ

人生の晩年で相乗効果のある選択肢を探ることは、より充実した生活を送るために重要です。自分の興味や価値観に基づいて、多角的にアプローチすることで、様々な良い影響を生み出すことができるでしょう。

将棋の格言 No.69 勝ち将棋は手堅く勝て

『勝てるときは確実に勝とう』
(Win when you can, ensure victory.)

格言の意味

木村義雄十四世名人の語録に「勝ち将棋を勝て」があります。将棋では相手がミスをしない限り不利な局面からは勝てません。なので優勢になった将棋を確実に勝ち切ることが重要です。「寄せは俗手で」という格言もありますが、持ち駒を惜しみなく投入し、華麗に寄せ切ることができればよいですが、もし読み抜けがあれば、相手に多くの駒を渡しているので逆転のリスクがあります。絶対に負けない、逆転を許さない手を将棋では「友達をなくす手」と言われます。「不利なときは戦線拡大」（P149）の真逆の局面で勝勢になったときはリスクをとらず確実に勝つことが大切です。豪放磊落なイメージがある升田幸三実力制第四代名人ですが意外にも「一か八かのやけっぱちみたいな事をやるのを勝負師という人があるが、これは間違いです。そういうのは勝負師とはいわない。賭博師という」と語っています。

人生の教訓

確実に勝つことがキャリア形成上で持つ具体的な利点は次のようになります。

- **認知と評価の向上**：確実に勝つことで、自分の能力や成果が認知され、評価される機会が増えます。周囲からの信頼や尊敬を獲得し、将来のキャリアにおいてポジティブな影響を及ぼすことができます。
- **信頼性と安定性の構築**：安定して成功し続ける個人は、信頼性と安定性をアピールすることができます。雇用主やクライアント、ビジネスパートナーにとって、信頼は非常に重要であり、キャリアの安定を確保する上で役立ちます。
- **キャリアの成長と進展**：確実に勝つことは、昇進や昇給、より高い責任を持つチャンスをもたらすことがあります。成果を上げることで、キャリアにおいて次のステップに進む機会が増え、より充実した職業生活を築くことができます。
- **ネットワークの拡大**：確実な成功は、他の成功者とのコネクションを拡大することにも繋がります。成功した個人は、より影響力のある人々とのネットワークを築く機会が増え、新たな機会を得る可能性が高まります。

具体例

野球でもサッカーでも勝率の高いチームは、そつがなく勝てる試合を確実に勝利しています。一方、弱いチームはリードしていても追加点がとれず、守備も雑で失策や暴投などでいつの間にか失点を繰り返して最後には逆転負けをしてしまいます。

まとめ

確実に勝つことはキャリア形成において非常に重要であり、個人の成長と進展に寄与するだけでなく、持続的な成功を築くための要素となります。

将棋の格言 No.70 王手ラッシュ

『たんなる時間稼ぎはマナー違反』

(Merely stalling for time is a breach of etiquette.)

格言の意味

詰んでいないのに王手を連続してかけることを意味します。特に詰みを読み切ったものではなく、単に手数もしくは消費時間を稼ぐことが主な目的となるものを指します。コンピュータソフトは負けそうになると「王手ラッシュ」をすることがよくあります。

人生の教訓

王手ラッシュは、たんなる時間稼ぎでマナー違反であり推奨されるべきではありません。

明らかに勝ち目がなく千日手（P240参照）にもできない場合は、潔くきれいに負けを認めましょう。意味のない時間稼ぎは、相手の時間を無駄に消費し、コミュニケーションにおいて不適切な行動とされます。その理由をいくつか挙げてみます。

- **相手のリソースの無駄遣い**：意味のない時間稼ぎは相手の時間やエネルギーを無駄に使うことになります。これは相手にとって不快な経験になる可能性が高く、他の重要な仕事や活動を妨げることになります。
- **信頼性の欠如**：意味のない時間稼ぎをすることは、信頼性を損なう原因となります。相手はあなたが真剣に取り組んでいるのか疑問に思うかもしれません。
- **効率性の低下**：意味のない時間稼ぎは、目的の達成に向けた努力や進捗を遅らせることになります。それによって、仕事やプロジェクトの進行が遅くなるか、成果が得られなくなる可能性があります。

具体例

- **無駄な会話**：重要でないトピックについて長々と話す人がいます。例えば、重要な議題を進める必要があるのに、会議で時間を無駄にするような長話を平気でするK

Yな大学教授はとても多くいます。

- **返事の引き延ばし**：メールやメッセージの返信を遅らせることで、相手とのコミュニケーションを悪化させることがあります。重要な返信を遅らせることで、相手に不安やイライラを与えることがあります。
- **無意味な業務**：プロジェクトや仕事に取り組む代わりに、重要でない業務に時間を費やすことがあります。これは仕事の進行を妨げるばかりか、チーム全体の生産性にも影響を及ぼす可能性があります。某野党がお決まり行事のように提出する通るはずのない内閣不信任案は、まさに国会における王手ラッシュです。税金の無駄遣い以外の何ものでもなく、重要な審議の時間を取らせない姑息な政治手法としか言いようがありません。

まとめ

以上述べてきたとおり、成果に繋がらない時間を浪費するだけの行動は、相手にとって迷惑であるばかりか、自分の貴重な人生の時間を無為に過ごすことになりますので控えましょう。

格言の意味

二枚の駒で同時に王手がかかることを両王手と言います。片方の駒からの王手を防ぐことができても、もう一方の駒で玉を取られてしまうので、応手としては玉を逃げるしかありません。局面は圧倒的に不利になるばかりか、この時点で玉の移動先がなければ詰みとなるため、両王手は何としても避けなければなりません。

人生の教訓

「二正面作戦」とは、軍事用語で、同時に異なる二つの敵対勢力と戦う戦略を指します。この戦術は一般的に、戦力や資源が限られている場合には避けるべきものとされています。なぜ二正面作戦を避けるべきかについていくつかの理由を説明します。

- **戦力の分散**：二正面作戦では、戦力や資源が二つの戦線に分散されるため、どちらの戦線においても十分な戦力を投入することが難しくなります。これにより、どちらの戦線でも効果的な攻撃や防御を行うことが難しくなります。
- **補給と物資の制約**：二正面作戦では、補給路や物資の供給がより難しくなります。各戦線に必要な兵士や装備、食料などを確保するためには、より安定した物流が必要となります。これにより、物資の不足や補給の遅れが発生しやすくなります。
- **情報の分散**：二正面作戦では、情報収集や情報共有も難しくなります。情報の収集や敵勢力の行動の把握が困難な場合、適切な戦術や戦略の選択が難しくなり、戦局の予測も難しくなります。

具体例

大東亜戦争で日本が連合国に降伏を決意したのは、広島、長崎への原爆投下ではなくソ連の参戦と言われています。ソ連に北から攻め込まれた場合、敗戦が必至であるばかりか日本はドイツや朝鮮半島のように東西南北の分断国家にされるリスクがありました。

スポーツにおいても、限られた資源や戦力を最大限に活用するためには、一つの目標に集中することが重要です。例えばプロ野球選手が国内リーグとＷＢＣのような世界大会の両方にほぼ同時併行的に出場した場合、問題を引き起こす可能性があります。選手の疲労やコンディションの管理が難しくなるからです。２０２３年に開催されたＷＢＣは日本チーム（サムライジャパン）は晴れて優勝したものの、多くの代表選手がその後、コンディションを崩し国内リーグの始まる前、または途中で戦線を離脱しています。

まとめ

以上の理由から、二正面作戦は避け、戦力や資源を集中して一つの戦線において効果的な戦略を展開することが推奨されます。

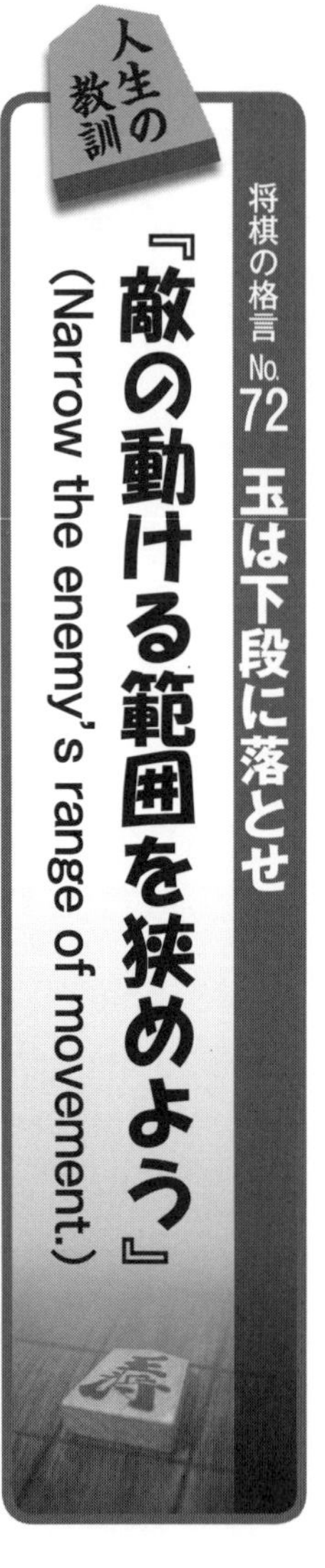

人生の教訓

将棋の格言No.72 玉は下段に落とせ

『敵の動ける範囲を狭めよう』(Narrow the enemy's range of movement.)

格言の意味

寄せの段階で、相手の玉を下段に落とすと寄せやすいという格言で、玉を捕まえるための基本セオリーです。相手玉を下段に追い込むことができれば、少ない攻め駒で寄せやすくなります。しかし相手玉が中段にいると、包囲のために必要な駒が多くなり、「中段玉は寄せにくし」となります。さらに上の段に行かれると入玉される恐れもあります。

人生の教訓

敵の動ける範囲を狭めることは戦略的に非常に重要な手段です。次にその意義をいくつか挙げてみましょう。

●**優位性の確立**：敵の動ける範囲を制限することにより、自軍の優位性を確立することができます。敵が限られた領域内で動くことを強いることで、より効果的な防御的・攻撃的手段を展開できます。

●**敵の行動の制御**：敵の動ける範囲を狭めることで、敵の行動をより予測しやすくなります。これにより、自軍は戦闘の進行をコントロールしやすくなり、より効果的な戦術を採用できます。敵の動ける範囲を制限することは、自軍の防御の強化にも繋がります。防衛線を築きやすくなり、敵の進攻をより効果的に阻止できます。

●**情報の収集と分析**：敵の動ける範囲が限られることで、自軍の情報収集と分析の効率が向上します。敵の位置や意図を特定しやすくなり、それに基づいて適切な対策を立てることができます。

●**敵の弱点の露呈**：敵の動ける範囲を狭めることで、敵の弱点が露呈しやすくなります。弱点を見つけ出すことで、その部分を攻撃することができ、より効果的な打撃を与えることができます。

具体例

ロシアは超大国ですが、国土のほとんどが北方に位置しており、冬は港が凍結してしまうため、南方への勢力を拡大しようとします。中華人民共和国も十四億人の人民の食糧とエネルギーを求め海洋資源を得るために近年特に海洋進出を強めています。いずれも自国の行動範囲を拡げることを意図しています。従って米国、日本をはじめとする民主主義諸国はできるだけその行動範囲を拡げさせないよう努めています。

まとめ

戦略において敵の動ける範囲を狭めることは、自軍の優位性を高め、敵の行動を制御し、より効果的な戦術を展開するための重要な手段となります。

将棋の格言 No.73 桂頭の玉、寄せにくし

『ピンチのときは敵の懐に飛び込もう』
(When in a pinch, jump into the enemy's bosom.)

格言の意味

玉は相手の桂頭に逃げると、桂が邪魔をして頭金のような詰み筋はなくなるため、比較的安全であるという格言です。特に桂で王手をかけられて玉を他の位置に逃げる場合、下段に引くよりは相手の桂頭を目掛けて斜め前に進んだ方が安全になることが多いです。玉が相手の駒に向かっていくのは基本的に危ないことで、一般的には攻め駒から離れる手を考えます。寄せの基本は「玉は下段に落とせ」（Ｐ２２８）であるため攻める側は上から敵の玉を下段に落とそうとしますが、受ける側は桂の頭が丸いことを利用して斜め前に逃げる手段があります。なお、角も頭が丸い駒であるため、同様の理由で「角頭の玉」が一時的に安全になることもあります。

人生の教訓

人生では、相手の懐に敢えて飛び込むことで、相手からの攻撃に対処しやすくなることもあります。いくつかその要点を挙げてみます。

- **サプライズ要素の活用**：敵の懐に飛び込むことは、予測外の行動であり、相手にサプライズ効果を与えることができます。これにより、相手の反応を混乱させ、戦局を自分の有利な方向に変えることができるかもしれません。
- **反撃のタイミングとして活用**：ピンチの状況では、敵が攻撃を仕掛けてきている可能性が高いです。その際に敵の懐に飛び込むことで、相手の攻撃を防ぎます。また、敵の攻撃に対して反撃を仕掛けるチャンスをつかむことができるかもしれません。
- **突破口の開拓**：敵の懐に飛び込むことで、敵の防御ラインを突破し、戦況を打開するチャンスを得ることができます。
- **味方の援護を受ける機会**：敵の懐に飛び込むことで、味方が追撃や援護を行いやすくなる可能性があります。これにより連携して敵に対抗することができるかもしれません。

具体例

石田光成が福島正則や加藤清正から襲撃を受けたとき、あえて徳川家康の屋敷に逃げ込みかくまってもらったことが伝えられています。ボクシングでも相手のパンチをかわすためにクリンチで逃げる手段がありますが、日米は同盟国であり敵ではありませんが、２０１６年に当時の安倍晋三総理が、政治経験なしで大統領への就任が決まった、ドナルド・トランプ大統領のいるニューヨークのトランプタワーに、他の西側首脳に先駆けて訪問しその心を摑み、その後の日米関係は友好的であったことが知られています。安倍総理はトランプ大統領以外にも、ロシアのプーチン大統領、フィリピンのドゥテルテ大統領、トルコのエルドワン大統領の心を摑んでいたと言われ、猛獣使いと称される外交手腕は、国内よりむしろ海外で高く評価されています。

まとめ

ピンチのときは柔軟な思考と戦略的なアプローチが必要です。逆境から遠ざかるばかりでなく、あえて近づいたほうが成功に繫がることがあります。

人生の教訓

将棋の格言 No.74 入玉模様の玉は深追いするな

『目当ての相手をむやみに追いかけるのはやめよう』

(Let's stop chasing after the person we're fixated on recklessly.)

格言の意味

相手の玉が入玉模様の局面で王手を執拗に追いかけ回すと、かえって敵の入玉を手助けすることになりかねないという格言です。

人生の教訓

目当ての相手をむやみに追いかけるのは止めましょう。その主な理由をいくつか説明します。

- **プレッシャーとストレス**：相手は追いかけてられていることに気づくと、プレッシャーやストレスを感じます。これにより関係が不快に感じられ、相手はより逃げたくなります。

- **プライバシーの侵害**：相手の個人的な空間やプライバシーを侵害するような行動は、相手を不快にさせます。たとえ親子、兄弟、夫婦、恋人であっても過度な干渉が続くと相手は距離を取ろうとするでしょう。
- **自立心の欠如**：健全な関係では、双方が個々の自立心を持ちながら、共に時間を過ごすことが大切です。相手を過度に追いかけることはその自立心を妨げます。自分の感情や気持ちをうまくコントロールできない場合、相手に対して過度な期待や依存を抱くことがあります。これによって、相手がさらに逃げる結果となります。
- **ストーカー行為へと発展するリスク**：過度な執着や追跡行為は、相手からストーカー行為と思われる可能性があります。これは法的な問題を引き起こしかねません。

具体例

テレビドラマ『ずっとあなたが好きだった』（１９９２）は、佐野史郎扮するエリートサラリーマン・冬彦と野際陽子演じる母親の息子への異常な溺愛ぶりが話題となりました。マザコンでオタクの冬彦による数々の奇行から賀来千香子演じる妻の美和の心は夫である冬彦からどんどんと離れ初恋の元彼への想いを再燃させる展開となっていきます。このドラマで「冬彦さん」は流行語になりマザコン男性全般を指すまでになりました。

まとめ

以上の理由から、相手を尊重し、健全な関係を築くためには、適度な距離を保ちつつ、相手の意志や感情を尊重することが重要です。過度な追跡や執着は、関係を壊すため注意が必要です。

将棋の格言 No.75　入玉したら小駒は皆同じ

『定年過ぎたら皆同じ』

(In retirement, everyone becomes the same.)

格言の意味

少なくともいずれかの玉が敵陣（敵陣の三段目以内）に入り、どちらも相手の玉を詰ます見込みがない場合に、両対局者の合意によって無勝負となるルールのことを持将棋と言います。持将棋が成立するためには、大駒（飛角）一枚を五点、小駒一枚（金銀桂香歩）を一点として盤上の駒及び持ち駒を数え、両対局者の点数がそれぞれ二十四点以上となることが条件です。従って持将棋の場合、小駒（金であっても歩であっても）は同じ価値にすぎないという格言です。

人生の教訓

「定年過ぎたら皆同じ」は、定年で退職後は、在職中の役職とは関係なく、例えば部長も課長もほぼ同じ老後という状況を指しています。年をとれば誰もが同じように老いていき、ある程度の年齢になると共通の問題が生じます。この言葉は、人生において重要な教訓を含んでいると言えます。

- **時間の流れは避けられない**：年をとることは避けられない自然のプロセスです。この言葉は、年齢を重ねることを受け入れ、それを恐れるのではなく受け入れることが大切であることを示しています。人生の残り時間には限界があります。そのため、大切なことに重点を置き、時間を有効に使いたいものです。
- **経験の共通性を理解する**：年齢を重ねれば、人々は共通の経験や問題に直面することがあります。自分だけが抱える困難な状況に直面していると感じるかもしれませんが、多くの人が同じような感情や問題を抱えています。だからこそ人生を豊かにし、支え合うために、人々との繋がりを大切にしましょう。

具体例

映画「終わった人」（内館牧子さんの小説を映画化、中田秀夫監督）は定年という生前葬を迎え、毎日が大型連休になった主人公の戸惑いが表現されています。「俺はまだ終われない」と、職業安定所で職探しを始めるも、高学歴と立派な職歴が邪魔をして思うように仕事が見つかりません。

著者の父は会社の役員をしていましたが、仕事を完全にリタイアしてからは、海外旅行を楽しんでいた一方、仕事以外の人間的な繋がりが乏しく孤独を感じていた様子でした。

まとめ

以上のように、「定年過ぎたら皆同じ」という言葉は、年齢を重ねることや人生における経験に対する理解を深めるための教訓として捉えることができます。人生を楽しむために、受け入れること、繋がりを大切にすること、自己理解を深めることなどを心に留めておくとよいでしょう。

人生の教訓

将棋の格言 No.76 負け将棋は千日手で粘れ

『勝てないときは負けない選択肢を探ろう』

(Find options to avoid losing when you can't win.)

格言の意味

相手玉に寄りがなく、絶体絶命の局面で唯一負けを免れる手段が千日手です。千日手とは、同じ手順を繰返しいつまでも局面が進展しない状態を言います。現行の将棋規則では、同一局面が四回現れたとき千日手が成立し無勝負となります。土俵際できわどくドローに持ち込む格言が「負け将棋は千日手で粘れ」です。

人生の教訓

「勝てないときは負けない選択肢を探ろう」というフレーズは、戦術的な意味合いを持っています。特に競争や対立のある状況で、直接的な対決で勝つことが難しい場合に、他の方法を模索する必要性を示唆しています。このフレーズが持つ意義は次のことが考えられます。

- **柔軟性と創造性の重視**：「勝てない」と感じる場合でも、その状況を変えるために新しい選択肢やアプローチを見つけることで、成功への道を切り拓くことができるかもしれません。頑固に一つの方法だけに固執するのではなく、柔軟な発想と創造力を持って、別の道を探ることが重要です。
- **リスク回避と損失の最小化**：直接的な対決が勝利につながる見込みが低い場合、無理に挑戦することで更なる損失を招く可能性もあります。そのようなときには、負けない選択肢を探ることで、失敗のリスクを回避し、損失を最小限に抑えることができます。
- **長期的な視野の重要性**：一時的に敗北を受け入れることで、長期的な目標を達成するための方策を見つけることができるかもしれません。短期的な利益や勝利にとらわれるのではなく、将来の持続的な成功を見据えることが重要です。

具体例

このフレーズは、ビジネスや個人の成功においても意義があります。例えば、競合他社との市場での競争で勝てないときには、自社の強みを再評価し、新たな市場や事業領域を開拓することが考えられます。また、個人的な人間関係においても、直接的な衝突を避け、円滑なコミュニケーションや妥協を模索することが重要です。ボクシングでもモハメッド・アリはパンチ力で優るジョージ・フォアマンに対して、前半のラウンドではロープに寄りかかりながらクリンチで逃れ、相手の体力を消耗させる作戦を取りました。

まとめ

総合すると、「勝てないときは負けない選択肢を探る」という言葉は、挑戦を続けることの重要性を示す一方で、諦めずに柔軟な考え方を持つことの重要性をも強調しています。

将棋の格言 No.77 投げる前に一考

『負けるまで勝負は諦めるな』
(Never give up until you're defeated.)

格言の意味

将棋は逆転のゲームなので、どんなに相手が優位で自分が不利な局面であっても相手も間違えることがあります。谷川浩司十七世名人は「いいときは焦らない。悪いときは諦めない」と語っています。羽生善治名人でさえも一手詰めを見逃したことがあります。

人生の教訓

勝負を最後まで諦めてはいけない理由はいくつかあります。

- **反転の可能性**：試合や挑戦において、状況は急激に変わることがあります。途中まで厳しい状況でも、相手のミスなどで、逆転の可能性が生まれることがあります。

- **成長の機会**：困難な局面や挑戦は、自己成長や学びの機会となります。最後まで諦めずに頑張ることで、自分の能力や強み、限界を知ることができます。
- **自己満足と自信**：最後まで戦い抜いた後、自分自身に対する自信と満足感が生まれます。どんな結果であれ、最後まで全力を尽くしたという自負は、自己評価や自己肯定感を高める助けとなります。

具体例

ビジネス史上にも数々の大逆転の事例があります。以下にいくつかの例を挙げてみます。

- **アップル社の大復活**：１９９０年代初頭、アップル社は経営危機に陥っていましたが、１９９７年にスティーブ・ジョブズが復帰し、革新的な製品の開発と強力なブランディング戦略を推進しました。iMac、iPod、iPhone、iPadなどの製品群が成功を収め、アップルはビジネス史上に残る大逆転を果たしました。同社の時価総額は世界一です。

- **Netflixのオンラインストリーミング**：Netflixは元々ＤＶＤレンタルビジネスでしたが、２００７年にオンラインストリーミングサービスを開始しました。このサービスは徐々に普及し、テレビ局や映画会社に対抗して独自コンテンツの制作にも力を入れました。その結果、映像コンテンツの配信業界を席巻し、ビジネスの常識を覆す大逆転を果たしました。

これらの例は、革新的なアイディア、市場のニーズへの適応、リーダーシップの重要性など、ビジネスの世界で成功するための重要な要素を示しています。

まとめ

勝負は最後まで諦めずに戦い抜くことが重要です。発明王のトーマス・エジソンは「人生に失敗した人の多くは、諦めたときに自分がどれほど成功に近づいていたか気づかなかった人たちだ」と述べています。諦めたら、そこで試合終了です。しかし諦めなければ人生においては負けとは言えません。最後まで粘り強く頑張る姿勢を保ちましょう。

収録できなかった選考漏れの主な将棋の格言

著者の浅慮及び将棋特有の格言であるため「人生の教訓」として一般化することができず、81個から選考漏れとなった主な格言は次のとおりです。

「二段金に飛車捨てあり」「打ち歩詰めに詰みの余地あり」「内龍は外龍に勝る」「馬の守りは金銀三枚」「鬼より怖い二枚飛車」「角交換に5筋を突くな」「玉の腹から銀を打て」「銀桂は成らずに使え」「金はとどめに残せ」「5五の角は天王山」「先後同型中央に手あり」「二枚換えは歩ともせよ」「端玉には端歩で」「初王手目の薬」「振飛車には角交換を狙え」など。

第5章　全局面に通じる格言

本章では序盤、中盤、中終盤、終盤にかかわらず全ての局面で役に立つ格言を取り上げています。この中には「勝負は時の運」など人知を超えた格言や「名人に定跡なし」といった冒頭で取り上げた格言No.1「定跡を覚えよう」とは矛盾するものも含まれています。これらの意味については、じっくりと腰を落として読んでいただければその含意を理解していただけると思います。

将棋は単なる勝ち負けを超越した深みのある世界に誇れるボードゲームであることを、各自の人生ステージに照らし合わせながら味わってください。

格言の意味

名人はこれまでの定跡（将棋の常識）にとらわれずにそれを知り尽くした上で、それを超える最善手を指すという格言です。この格言は、定跡を超えた有力な変化は無数にあるという将棋の可能性や自分で深く考えることの大切さを教えてくれます。実際、過去に結論が出たとされる定跡がＡＩの研究によって覆されることが近年起こっています。升田幸三実力制第四代名人は「新手一生」と語っており、画期的な新手を編み出した棋士に升田幸三賞が与えられています。

人生の教訓

「常識に束縛されるな」というフレーズはいくつかの意味合いを持っています。

- **創造性とイノベーションへの呼びかけ**：常識に従うことは、新しいアイデアや解決策を見つける妨げになることがあります。常識に縛られずに、新しい視点や斬新なアプローチを取ることで、より創造的な結果を生み出すことができるというメッセージです。
- **限界を超える勇気**：常識に従うことは安定感を与えるかもしれませんが、時には進化や成長を阻害することもあります。このフレーズは常識にとらわれず、挑戦して新たな領域や可能性を探求する勇気を持つよう促す意味もあります。
- **固定観念からの解放**：社会的な常識や固定観念は人々の行動や判断を縛ることがあります。このフレーズは、独自の判断や価値観を持ち、他人の意見や期待に囚われずに自分自身を解放することを奨励しています。

具体例

長篠の戦い(1575年)で、弾を一つずつ込めて発射させる火縄銃を三段構えにして機関銃のように連射させた織田信長軍の作戦は、当時における戦の定跡では考えられない手法でした。2023年7月3日におこなわれた第94期ヒューリック棋聖戦第三局で藤井聡太棋聖が四十五手目で指した9七桂(桂馬の頭は弱く攻められやすい)や、七十三手目に指した8六王(自分の守り駒である金や銀から離れ、相手の飛車に自ら接近していく、つまり進んで危険地帯に王を移動させる)は、従来では考えられない好手でプロ棋士をも驚かせました。

まとめ

ただし「常識に束縛されるな」というフレーズは注意が必要です。常識は社会の一部を形成している重要な要素であり、常識を無視し過度なリスクを冒すことや、他人を軽視することは避けるべきです。このフレーズは、あくまで柔軟性、創造性、勇気を持って物事に取り組むというポジティブな意味合いで理解すべきです。

将棋の格言 No.79 勝負は時の運

『運を味方に付けよう』

(Victory is sometimes just a matter of luck.)

格言の意味

勝負はその時の運に左右されるもので、必ずしも強い者が勝つとは限らないという格言です。太平記（十四世紀に書かれたと推定されますが詳細は不明。日本の歴史文学では最長の作品とされています）には「軍の勝負は時の運に依る事なれば」と記されています。将棋のタイトル戦でも振り駒で先手後手を決めます。藤井竜王・名人でさえも、先手の勝率と後手の勝率では明らかに先手番の勝率が高く、先後どちらになるかはまさに運次第です。

人生の教訓

勝負は時の運で、全てをコントロールすることは不可能ですが、運を味方につけることは心がけ次第である程度可能です。そのための方法として、以下の三点が挙げられます。

- **自分は運がよいと強く思い、かつ言葉に出しましょう**：言葉に出すことで自分の耳で聞き、潜在意識に刷り込みます。そうすると行動も自然と前向きになり、その結果チャンスを摑むことに繋がります。成功者へのインタビューで「なぜあなたは成功したのか」という問い掛けに対して「運が良かったから」と応えているケースがとても多いです。松下幸之助は「運がいいと思いなさい。そう思ったらどんどん運が開けてくるんだ」と語っています。
- **機会を追い求めましょう**：何もしなければ何も起こりませんが、何かをすれば何かが起こります。必ずしも自分が望んでいる方向に事態がすぐに動くわけではありませんが、何かしらの出来事が起こり出逢いがあり情報を入手することができ、それをきっかけにしてチャンスを摑むことに繋がります。

●準備を怠らないようにしましょう：常に目標を立て努力を重ねながら偶然やってくるチャンスが来たら好運の女神の前髪をしっかりと摑めるようスタンバイしておきましょう。この方法はプランド・ハップン・スタンス（Planned Happen Stance）と言い、運を味方にする基本的なアプローチです。「計画された偶然」と訳され「キャリアというものは偶然の要素によって八割が左右される。偶然に対してポジティブなスタンスでいる方がキャリアアップにつながる」という理論です。１９９９年にスタンフォード大学で教育学と心理学の教授を勤めていたクランボルツ教授によって提唱されました。

具体例

ヴィクトール・フランク（(Viktor Emil Frankl,1905-1997)、オーストリアの精神科医、心理学者、ホロコースト生還者）はアウシュビッツ収容所で家族全員が殺されました。いつガス室に送られるかわからない状況下でも、いつか米軍が救出に来るという希望を失いませんでした。フランクがある日、収容所でミスをしたためナチスの将校から頰を殴られ、掛けていた眼鏡が地面に落ちレンズが割れてしまいました。

眼鏡を拾いながらフランクは「もしここを出られて収容所体験を本にできたら、この割れた眼鏡を表紙にしよう」と思いました。フランクの代表作『夜と霧』の初版本には、鉄条網の内側に割れた眼鏡が転がっている絵が掲げてありました。(フランクの楽観主義精神、永田勝太郎、「生き方の教科書」P75を引用・参考)

◆まとめ

勝負は時の運ですが、運を味方につけられるように思考し行動しましょう。必ず良い運が近づいてくるはずです。

人生の教訓

将棋の格言 No.80 一歩千金

『神は細部に宿ることを知ろう』
(God is in the details.)

格言の意味

一歩の価値は千の金に値するくらい重要であるという格言です。歩は最も弱い駒ですが、その力を侮ってはいけません。攻防になくてはならず「歩のない将棋は負け将棋」とも言われています。歩がないと攻めにも受けにも歩の手筋が使えず、戦略の選択肢が狭まります。プロ同士の将棋なら、相手の歩切れのタイミングをはかって攻撃をしかけることがよくあります。北島三郎の楽曲「歩」の歌詞にも「歩のない将棋は負け将棋　世間歩がなきゃなりたたぬ」(作詞：関沢新一）と歌われています。トッププロが差す手は百手のうち九十九手が良い手です。つまり百分の一の差で勝負が決まりますが、その差としてよくあらわれるのが歩の有無です。「一歩千金」は、将棋のプロ棋士がもっとも留意している格言と考えられます。

人生の教訓

将棋を戦争に例えるなら、歩は一番地位の低い兵隊ですが、兵隊を大切にしない大将は勝てないでしょう。芸術の世界では細かい部分までこだわり抜くことで、全体としての完成度が高まります。従って、細かい部分を疎かにすれば、結果として作品全体の完成度も落ちます。だからこそ細部に至るまで念入りなこだわりが大切です。なぜなら、細かなほころびによって全体の完成度が損なわれるからです。

具体例

小さな違いが大きな差を生む具体例をいくつか挙げます。

- **自動車の設計**：自動車の設計において、わずかな変更が性能に大きな影響を与えることがあります。たとえば、燃費をわずかに改善することで、走行距離が大幅に向上するかもしれません。また、車体の形状を微調整することで空気抵抗が減り、速度が向上することもあります。

- **スポーツの競技**：スポーツにおいても、微小な違いが大きな勝敗の違いを生むことがあります。例えば、水泳選手が一秒未満の微小な差で勝利することがあります。野球などの球技でも、一球の判定の違いで試合の行方が大きく左右されます。
- **経済成長**：経済においても、わずかな経済成長率の違いが数十年後の国の富や発展に大きな違いをもたらします。

まとめ

これらは小さな違いが大きな差を生む具体例の一部です。自動車製造、スポーツ、経済など様々な分野で、微小な変化が重要な影響を持つことがあることを念頭に置いておくと良いでしょう。

格言の意味

淡路仁茂九段は現役時代「不倒流」と呼ばれその粘り強い棋風で知られていました。対局相手が根負けするくらい手数が多いことから「三枚目の男」という異名もあります。当時、棋譜を記録する用紙には一枚に八十手までしか記入できなかったため、百六十手を超えると三枚目の記録用紙に書くことになり、その手数が非常に多いことからついたネーミングです。六段時代の1981年には王位戦予選で中田章道七段(当時四段)と三百二十九手の将棋を指し、先手の淡路九段(当時六段)が勝利しました。この対局は入玉を含まない対局としては2023年現在も公式戦の最長手数です。淡路九段の将棋は「長手数の美学」とも言われています。なお羽生善治名人との通算対戦成績は、二勝一敗と勝ち越しています。

☗人生の教訓

将棋棋士には「〜流」とその棋風を表すネーミングがあります。中原誠十六世名人は「自然流」、米長邦雄永世棋聖は「泥沼流」、谷川浩司十七世名人は「光速流」などいろいろありますが、著者にとって淡路九段の「不倒流」が一番かっこよく励みになります。勝利するまで戦い続けることの意義は、以下のような点が挙げられます。

- **精神的な強さと意志**：戦い続けることは、困難や挫折に立ち向かう意志と精神的な強さを示します。逆境にも屈せず、困難にも立ち向かうことで、自分の内なる強さを発見することができます。
- **周囲への影響**：戦いを続けることは、周囲の人々にも良い影響を与えることがあります。決してあきらめずに努力する姿勢は、周囲の人々に勇気や希望を与えます。
- **常に前向きな姿勢**：戦い続けることは、常に前向きな姿勢を持つことを意味します。前向きな姿勢は、障害や困難に立ち向かう際に、より創造的な解決策を見つける助けになります。

具体例

ユニクロブランドを世界で展開するファーストリテイリングの創業者で代表取締役会長兼社長の柳井正氏は自著『一勝九敗』（新潮文庫）の中で失敗を恐れず挑戦することの大切さを語っています。映画ウォール街（原題『Wall Street』1987）の中でマイケル・ダグラスが演じる大物投資家のゲッコーは、"You win a few, you lose a few, but you keep on fighting."（ドンと儲けてもドンと損してもへこたれず戦い続けることだ）と語っています。この映画を観て多くの米国のビジネスエリートたちがゲッコーに憧れて投資家を目指したと言われています。

まとめ

戦い続ける大切さは、自己成長、意志の強さ、目標達成への姿勢など、個人的な成長と成功につながる点にあります。成功への道には挫折や失敗がつきものですが、それらを乗り越えて前進することで、より豊かな人生を築くことができるでしょう。

講評

将棋棋士として約半世紀を過ごしてきた私にとって、将棋は人生そのものである。本書は将棋の格言から人生の教訓を導き出す大変ユニークな試みかつ有益な啓発本である。81項目の中には、まさに「我が意を得たり」と思う説明が全般に渡って散りばめられている。その一方で「無理やり矢倉」を彷彿させるような強引すぎて一見するだけでは無理筋と思われる箇所もあるが、文面を読み進めるとそれなりに納得でき参考になる。

本書の中でも「三手の読み」について触れているが、私は子供たちに「三手の読みが生きる力」と教えている。将棋を通して相手の気持ちを推し量る姿勢を学んで欲しいからだ。そういう私も妻の応手を読み違い逆鱗に触れることは日常茶飯事であるが、それだけ相手の本当の気持ちは夫婦であってもわかりづらい。内弟子の頃、兄弟子の芹沢博文（1936―1987）から深く考えることの大切さを叩き込まれた。

ところで私は棋士生活の間、そして引退してからも長年草野球を楽しんでいる。選手のポジションを考えるとき、選手の特徴を「飛車みたいで長打力はあるが小回りが利かない」「銀のように攻守のバンランスがとれている」「桂馬のような変則的な動きをする」などと将棋の駒の動きに例えて考えることが意外とゲームの采配に役立っていることにふと気が付くことがある。

十四歳の中学生（大阪市立住吉中学。一学年上には岡ちゃんこと岡田武史元サッカー日本代表監督がいた）のとき、友人から借りた升田幸三実力制第四代名人の著書『勝負　人生は日々これ戦場』（サンケイ新聞社刊）を読み、それがその後の人生の決め手となった。この本は升田幸三が綴る恋愛、お金、仕事など人事百般についての随筆集であるが人間味豊かな珠玉の言葉に子供ながらに深く感銘を受けた。在学中、私は水泳部部長で生徒会の会長も務めており、担任の先生から普通の高校に進学するものと思われていたので、将棋棋士を目指すことには猛反対された。しかし初心貫徹、将棋棋士になるために単身、大阪から上京したのである。その結果、大好きな将棋を生業にできたばかりか、将棋界のみならず、政界、財界、芸能界、スポーツ界など幅広い世界で活躍する多くの人々との素晴らしい出逢いにも恵まれ、今さらながら将棋をやってて良かった、幸せな人生だなと思う。

著者（ツルボン）は、アマチュアのへぼ将棋指しと謙遜しているが、棋力はさておき将棋に対する想いは有段者クラスであることはその文面から容易にうかがい知ることができよう。

本書は将棋をあまり知らない人であっても、読むだけで棋力アップに繋がるはずだ。将棋を自分では指さないが観て楽しむ「観る将」には必読の書であろう。特にこれからの日本の未来を担う若い世代の方々には、是非本書を手に取って、日本の世界に誇れるゲームである将棋の楽しさ、そして将棋から得られる人生の奥義を感じ取って欲しい。

田中寅彦（日本将棋連盟棋士・九段）

あとがき

将棋の起源は、古代インドの「チャトランガ」という説が最有力で、ヨーロッパやアジアの各地に広がりました。西洋ではチェス、中国ではシャンチー、朝鮮半島ではチャンギ、タイではマークルック、そして日本では将棋になりました。室町時代後期にほぼ完成したと言われる将棋は江戸時代にはプロ棋士が誕生し、庶民にも人気が定着したとされています。将棋は囲碁と並び人類が生み出した最高の頭脳ゲームと著者は思っています。ＡＩ将棋ソフトがトップ棋士を超えるようになり、将棋の楽しみ方は変わっても将棋の魅力は今後とも生き続けるでしょう。

著者が小学生のとき将来は石油がなくなると言われていましたが、現在もなくなっていないどころかダブついています。大学生だった１９８０年代コンピュータで仕事がなくなると言われました。大学院生だった１９９０年代中頃はインターネットで仕事がなくなると言われました。最近はChatGPTのような対話型ＡＩソフトで仕事がなくなると言われています。このことからわかることは主要メディアや多くの有識者が「〇〇で仕事がなくなる」と危機感を煽っているものはまずなくならないと類推できます。

他の娯楽（ゴルフ、飲酒、旅行、交流イベント等）と比較して、将棋は最もコスパのよいゲームです。インターネットを通した対局相手が人間であれＡＩソフトであれほとんどが無料です。また将棋倶楽部に行って半日いても千円程度です。また親子、兄弟、姉妹、祖父と孫など世代を超えた交流や、友人同士のコミュニケーションの機会となります。是非多くの方々に将棋を楽しんでもらいたいと願っています。また本書で取り上げた81の生きるヒントが、今後生きていく上での指針となれば幸いです。

参考文献

書籍（将棋関連）

- 『将棋金言集』（天狗太郎、時事通信社）
- 『将棋に学ぶ』（安次嶺隆幸、東洋館出版社）
- 『将棋の格言』（加藤治郎、成美堂出版）
- 『スラスラ覚える将棋格言集』（前田祐司著、山海堂）
- 『羽生の新格言集 105』（羽生善治、木屋太二著、日本将棋連盟）
- 『羽生善治闘う頭脳』2016 文春文庫
- 『羽生善治の将棋辞典』（羽生善治、河出書房新社）
- 『百人の棋士、この一手』（田中寅彦、東京書籍）
- 『目からウロコ！今どき将棋格言』（青野照市著、創元社）
- 『森信雄の強くなる！将棋新格言 40～入門から初段～』（森信雄著、実業之日本社）
- 『役に立つ将棋の格言 99』（週刊将棋編、毎日コミュニケーションズ）
- 『渡辺明の勝利の格言ジャッジメント　玉金銀歩の巻』（渡辺明著、NHK 出版）
- 『渡辺明の勝利の格言ジャッジメント　飛角桂香歩の巻』（渡辺明著、NHK 出版）

書籍（将棋関連以外）

- 『一勝九敗』（柳井正、新潮文庫）
- 『ウォール街』（スクリーンプレイ・シリーズ、株式会社フォーイン）
- 『奇跡のパン 日本中で行列ができる「乃が美」を生んだ「超・逆転思考』（阪上雄司著、KADOKAWA）
- 『実践的グローバル・マーケティング』（大石芳裕著、ミネルヴァ書房）

インターネットサイト（将棋関連）

- 「遊び駒にならないように」：ヒューマントレジャーサポートサービス
  https://human-treasure.net/20140218blog.html
- 淡路仁茂 – Wikipedia
  https://ja.wikipedia.org/wiki/ 淡路仁茂
- 玉の早逃げ八手の得：将棋格言解説 - 将棋講座ドットコム
  https:// 将棋講座 .com/ 格言 / 玉の早逃げ八手の得 .html
- 玉は下段に落とせ：将棋格言解説 - 将棋講座ドットコム
  https:// 将棋講座 .com/ 格言 / 玉は下段に落とせ .html
- 玉は包むように寄せよ：将棋格言解説 - 将棋講座ドットコム
  https:// 将棋講座 .com/ 格言 / 玉は包むように寄せよ .html
- 鬼より怖い両王手：将棋格言解説 - 将棋講座ドットコム

https:// 将棋講座 .com/ 格言 / 鬼より怖い両王手 .html

- 開戦は歩の突き捨てから：将棋格言解説 - 将棋講座ドットコム
https:// 将棋講座 .com/ 格言 / 開戦は歩の突き捨てから .html
- 角には角：将棋格言解説 - 将棋講座ドットコム
https:// 将棋講座 .com/ 格言 / 角には角 .html
- 片上大輔 :3 手 1 組プロの技　棋書解説評価委員会
https://www.shogi-books.com/kakoi/katagami.htm
- 「棋界の太陽」中原誠自然流 ～その指し手 大河の流れのごとし～ いんちきブログの決定版！ハック・フィン 's World
https://tom-watson8.com/2022/08/16/post-3474/
- 今日の格言 79 -【負け将棋は千日手で粘れ】・・最終盤編 喜将会
https://kitakata-shogi-family.hatenablog.com/entry/2020/04/07/002555
- 金矢倉：様々な囲いの概要 - 将棋講座ドットコム
https:// 将棋講座 .com/ 中級編 / 金矢倉 .html
- 【9 割の人が知らない】「将棋」と「経営」の意外な共通点とは？ 猿渡 歩、DIAMOND online
https://diamond.jp/articles/-/313564
- 位：将棋用語説明 - 将棋講座ドットコム
https:// 将棋講座 .com/ 将棋用語 / 位 .html
- 位を取ったら位の確保：将棋格言解説 - 将棋講座ドットコム
https:// 将棋講座 .com/ 格言 / 位を取ったら位の確保 .html
- 桂頭の玉、寄せにくし：将棋格言解説 - 将棋講座ドットコム
https:// 将棋講座 .com/ 格言 / 桂頭の玉、寄せにくし .html
- 桂は控えて打て：将棋格言解説 - 将棋講座ドットコム
https:// 将棋講座 .com/ 格言 / 桂は控えて打て .html
- 下段の香に力あり：将棋格言解説 - 将棋講座ドットコム
https:// 将棋講座 .com/ 格言 / 下段の香に力あり .html
- 公益社団法人日本将棋連盟
https://www.shogi.or.jp/
- こびん攻め：将棋手筋解説 - 将棋講座ドットコム
https:// 将棋講座 .com/ 手筋 / こびん攻め .html
- 将棋格言① - 将棋について – Seesaa
http://taikyokuhoukoku.seesaa.net/article/72724034.html
- 将棋格言集－金銀　将棋スクール
https://www.shogitown.com/school/dictionary/maxim/maxim3-g.html
- 将棋史再発見 10 手での投了が「プロ棋士らしからぬ棋譜」として戒告処分された過去（松本博文著）
https://news.yahoo.co.jp/expert/articles/ff41fdb0fc93d41350c64b0b3f6fcb63e2161acc
- 【将棋初心者向け】序盤の指し方と考え方・戦法別の基本定跡や囲い方を徹底解説

【序盤のコツ】 - 日々頓死
https://hibitonshi.com/2021-07-03-200000/

- 将棋の格言 – Wikipedia
https://ja.wikipedia.org/wiki/ 将棋の格言
- 将棋の格言集
http://www3.kcn.ne.jp/~tomy/Skype/zatugaku/e.html
- 将棋の攻め方や守り方、初心者におすすめの戦法を紹介　ビギナーズ
https://www.rere.jp/beginners/35445/
- 将棋は歩から 上巻 | 加藤 治郎 | 本 | 通販 | Amazon
https://www.amazon.co.jp/ 将棋は歩から - 上巻 - 加藤 - 治郎 /dp/4885744091
- 将棋用語一覧 - Wikipedia
https://ja.wikipedia.org/wiki/ 将棋用語一覧
- 攻めは銀、受けは金：将棋格言解説 - 将棋講座ドットコム
https:// 将棋講座 .com/ 格言 / 攻めは銀、受けは金 .html
- 攻めは飛車角銀桂：将棋格言解説 - 将棋講座ドットコム
https:// 将棋講座 .com/ 格言 / 攻めは飛車角銀桂 .html
- 戦後初 奨励会経ず将棋プロ棋士誕生 29 歳でつかんだ夢 – NHK
https://www.nhk.or.jp/morioka/lreport/article/000/24/
- ダイヤモンド美濃（四枚美濃）将棋研究
https://www.shougi.jp/kakoi/mino/diamond_mino.html
- ただ捨て：将棋手筋・将棋講座ドットコム
https:// 将棋講座 .com/ 手筋 / ただ捨て .html
- 持将棋：将棋用語・将棋講座ドットコム
https:// 将棋講座 .com/ 将棋用語 / 持将棋 .html
- 手のない時は端歩を突け：将棋格言解説 - 将棋講座ドットコム
https:// 将棋講座 .com/ 格言 / 手のない時は端歩を突け .html
- 長い詰みより短い必至：将棋格言解説 - 将棋講座ドットコム
https:// 将棋講座 .com/ 格言 / 長い詰みより短い必至 .html
- 中原誠 - Wikipedia
https://ja.wikipedia.org/wiki/ 中原誠
- 飛車・角に関する格言を覚えよう！「序盤は飛車よりも角」「振り飛車には角交換を狙え」（将棋の格言）公益社団法人日本将棋連盟
https://www.shogi.or.jp/column/2018/02/post_316.html
- 不利なときは戦線拡大：将棋格言解説 - 将棋講座ドットコム
https:// 将棋講座 .com/ 格言 / 不利なときは戦線拡大 .html
- 升田幸三の名言・格言（棋士の言葉）| 名言 +Quotes
https://meigen-ijin.com/masudakouzou/
- 升田幸三の名言・格言集。伝説の将棋棋士の言葉 | 癒しツアー
https://iyashitour.com/archives/23745
- やさしい基本的な必死　将棋幼稚園

https://www.shogitown.com/beginner/hisi/hisi03.html

- 米長流急戦矢倉 - Wikipedia
https://ja.wikipedia.org/wiki/ 米長流急戦矢倉
- 両王手：将棋手筋解説 - 将棋講座ドットコム
https:// 将棋講座 .com/ 手筋 / 両王手 .html
- 両取り逃げるべからず：将棋格言解説 - 将棋講座ドットコム
https:// 将棋講座 .com/ 格言 / 両取り逃げるべからず .html

インターネットサイト（将棋関連以外）

- イチローの名言・格言 癒しツアー
https://iyashitour.com/archives/19139
- コダック - Wikipedia
https://ja.wikipedia.org/wiki/ コダック
- ずっとあなたが好きだった - Wikipedia
https://ja.wikipedia.org/wiki/ ずっとあなたが好きだった
- 戦術学入門 - Wikibooks
https://ja.wikibooks.org/wiki/ 戦術学入門
- 童話「ウサギとカメ」から学ぶ、母が出来る目標達成へのサポート
https://soccermama.jp/node/3703
- 野村再生工場 - Wikipedia
https://ja.wikipedia.org/wiki/ 野村再生工場
- 「ハングリーであれ。愚か者であれ」ジョブズ氏スピーチ全訳　日本経済新聞
https://www.nikkei.com/article/DGXZZO35455660Y1A001C1000000/
- 名言・格言に学ぶ人間力 致知出版社
https://www.chichi.co.jp/info/anthropology/maxim/
- モンテーニュの名言　名言 +Quotes
https://meigen-ijin.com/montaigne/
- 労働力調査（総務省統計局）
https://www.stat.go.jp/data/roudou/index.html

YouTube 動画

- AI ビッグ対談 藤井聡太叡王 Ponanza 開発 山本一成 CEO　中日新聞 東京新聞 将棋【公式】
https://www.youtube.com/watch?v=wooGAZzvWtE
- お金の余裕は問題の 9 割を予防する（勝間和代が徹底的にマニアックな話をする）
https://www.youtube.com/watch?v=8XCxaXfy28s
- 【歴史的名著 解説】失敗の本質｜なぜ日本は負け続けるのか？ サラタメさん
https://www.youtube.com/watch?v=och4WBCWjLM
- ヘンリー・フォード 45 の成功哲学【偉人の名言集 / モチベーション / 成功】
https://www.youtube.com/watch?v=Zfcmtu7EehE

■著者紹介■

ツルボン

アマチュアの将棋愛好家（棋力はアマチュア３級位）。大学でマーケティング戦略を教える。将棋以外の趣味はピアノ弾き語りシンガーソングライター工藤江里菜さん（愛称エリボン）の推し活。

■推薦者紹介■

田中寅彦（日本将棋連盟棋士・九段）

1957年生まれ。大阪府豊中市出身。棋聖のタイトルを獲得。竜王戦１組通算９期。順位戦Ａ級通算６期。日本将棋連盟元専務理事。「序盤のエジソン」の異名を持つ。趣味は草野球、ギター、水泳。

将棋の格言に学ぶ81の生きるヒント
ー人生必勝の思考法ー

〈検印廃止〉

著　者　ツルボン
発行者　坂本 清隆
発行所　産業能率大学出版部
東京都世田谷区等々力 6-39-15　〒 158-8630
（電 話）03（6432）2536
（FAX）03（6432）2537
（URL）https://www.sannopub.co.jp/
（振替口座）00100-2-112912

2023年11月10日　初版１刷発行

印刷・製本／渡辺印刷

（落丁・乱丁はお取り替えいたします）
ISBN4-382-15838-2